IFCD0062

FUNDAMENTOS DE PROGRAMACIÓN EN PYTHON

IFCD0062

FUNDAMENTOS DE PROGRAMACIÓN EN PYTHON

Ángel Pablo Hinojosa Gutiérrez

La ley prohíbe
fotocopiar este libro

IFCD0062 FUNDAMENTOS DE PROGRAMACIÓN EN PYTHON
© Ángel Pablo Hinojosa Gutiérrez
© De la edición: Ra-Ma 2024

Editado por:
RA-MA Editorial
Calle Jarama, 3A, Polígono Industrial Igarsa
28860 PARACUELLOS DE JARAMA, Madrid
Teléfono: 91 658 42 80
Fax: 91 662 81 39
Correo electrónico: *editorial@ra-ma.com*
Internet: *www.ra-ma.es* y *www.ra-ma.com*
ISBN: 978-84-1018-190-8
Depósito legal: M-9158-2024
Maquetación: Antonio García Tomé
Diseño de portada: Antonio García Tomé
Filmación e impresión: Safekat
Impreso en España en marzo de 2024

A Lidia

ÍNDICE

CARTA AL LECTOR

Estimado lector:

Te agradezco la confianza que demuestras al leer este libro, y espero ser merecedor de ella.

Este libro es una introducción al lenguaje de programación Python. He intentado ser exhaustivo sin perderme en complejidades ni sofisticaciones de menor utilidad. Python es un lenguaje muy amplio y un solo libro del tamaño de este es insuficiente para abarcar toda su extensión, por lo que ciertas ideas, necesariamente, se han quedado fuera.

En este libro hablo en segunda persona del singular. He creído que es el tiempo verbal más acorde con el tono de este libro. Pretendo que este texto sea un acompañamiento, un aprendizaje compartido.

Los ejemplos están diseñados de modo que puedan ser copiados y ejecutados sin necesidad de añadir o quitar nada. No hay, en la medida de lo posible, ejemplos parciales o fuera de contexto, sino que hasta el ejemplo más simple o trivial es un programa plenamente funcional.

Te animo a que, durante el proceso de aprendizaje, copies esos ejemplos para ver cómo funcionan y los modifiques e introduzcas cambios y variaciones a tu gusto, para ver cómo cambia la respuesta del programa.

Para facilitar esto, todos los ejemplos están disponibles en Internet, en la dirección *http://psicobyte.github.io/ejemplos-python*.

Todo el contenido de este libro está concebido sobre la base de que se parte sin conocimiento alguno en programación, y he tratado de explicar cada concepto desde el nivel más básico posible.

Naturalmente, no es posible partir del cero absoluto, y se espera que el lector tenga un cierto conocimiento del funcionamiento de su sistema operativo. En particular, son necesarios unos conocimientos básicos de cosas como abrir un terminal, el uso de la línea de comandos, instalar y ejecutar programas, conocer y saber moverse por la estructura de directorios de su sistema operativo, etc.

Cuando ha sido posible, he acompañado el texto con enlaces a la página oficial de Python y otros recursos *online*, para proveer de información ampliada sobre el concepto del que se habla en cada momento. Esos enlaces no son en ningún caso necesarios para el seguimiento del libro, y solo se aportan para el lector que quiere llegar un poco más allá.

Aunque se puede usar cualquier plataforma capaz de ejecutar un editor de textos y un intérprete de Python para seguir este libro, las instrucciones que dependan de un sistema operativo, cuando han sido necesarias, se han dado para Linux, Windows y Mac OS.

En cualquier caso, este libro se ha escrito usando Linux; te recomiendo encarecidamente el uso de este sistema operativo, y a lo largo de todo el texto voy a suponer que estás usando alguna versión de Linux.

¿Por qué precisamente Linux?

Primero porque probablemente has pagado por este libro, y no puedo obligarte a que gastes aún más de tu dinero: Linux es una familia de sistemas operativos que, al igual que el propio Python, son software libre y casi siempre gratuitos.

> ⓘ **NOTA**
>
> Adicionalmente y por la misma razón, todos los programas que se recomiendan en este libro son también software libre y gratuitos.

Segundo porque los sistemas Linux traen "de serie" todas las herramientas necesarias para la programación. Al contrario que sistemas comerciales más orientados al usuario doméstico o de oficina, Linux es por sí mismo una completa plataforma de desarrollo.

De todos modos, si prefieres usar otro sistema, Python funciona perfectamente en cualquiera de ellos y todos los ejemplos y explicaciones de este libro están pensados para adecuarse perfectamente a todas las plataformas.

CONVENCIONES USADAS EN ESTE LIBRO

Cuando se mencione en el texto algún elemento del lenguaje, este aparecerá resaltado como en este ejemplo con la función `input()`.

Los ejemplos de código, que pueden copiarse directamente para probarlos, se muestran del siguiente modo:

```
#!/usr/bin/python
# -*- coding: utf-8 -*-

def saluda():

    return "hola mundo"

hola = saluda()

print hola
```

Salida del programa:

```
Hola Mundo
```

Siempre que sea posible, los ejemplos de código van seguidos por la salida del programa (es decir, el resultado de ejecutar ese código). Salvo que se diga lo contrario, en los ejemplos se supone que el nombre del programa es `test.py`.

Las notas y aclaraciones siguen el siguiente formato:

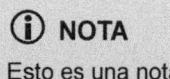 **NOTA**
Esto es una nota

Cuando se adjunte un *link* al texto, se mostrará como en este ejemplo que apunta a la página oficial de Python: *https://docs.python.org*.

Al final de cada capítulo hay un pequeño resumen de los temas que se han visto, a modo de recordatorio, seguido de algunas tareas que se sugieren para practicar o ampliar lo aprendido.

1

LENGUAJES DE PROGRAMACIÓN

Durante los últimos años, en apenas el espacio de una generación, la informática ha pasado de ser una simple curiosidad a dominar prácticamente todos los aspectos de nuestra vida.

Pese a que el ordenador personal es el primer dispositivo que nos viene a la mente cuando pensamos en computación, hoy en día es posible escribir programas para casi cualquier aparato imaginable, desde grandes máquinas industriales hasta pequeños dispositivos. En todos nuestros electrodomésticos, automóviles, teléfonos, televisores, redes de comunicación, cajeros... hay un ordenador programable que se ocupa de llevar a cabo las tareas que se le han encomendado.

Hoy en día, todo el mundo tiene una idea, aunque sea más o menos intuitiva, de lo que es un "programa".

A grandes rasgos, un programa informático no es más que un archivo con un conjunto de instrucciones para que el ordenador haga algo. Ese algo puede ser una tarea simple como sumar dos dígitos o algo muy complejo, como la gestión que hace un sistema operativo de todas las tareas que el ordenador ejecuta en un momento determinado. Los programas informáticos actúan sobre datos, sobre otros programas o sobre dispositivos físicos.

1.1 ALTO Y BAJO NIVEL

Los ordenadores (o, más exactamente, sus procesadores) usan internamente un lenguaje propio llamado *código máquina*. De hecho, hay más de un código máquina, y el que reconoce un tipo de ordenadores no es reconocido por otros. El código máquina no es más que sucesiones de unos y ceros, y no está pensado para ser escrito ni leído por personas.

Pese a todo, originalmente, la gente literalmente programaba ordenadores escribiendo unos y ceros. Bien tecleándolos en una consola, bien activando o desactivando interruptores, o bien perforando agujeros en una tarjeta de cartón.

El nivel de abstracción que esto requiere es desmesurado.

Por ejemplo, para almacenar el número 150 en un determinado registro de memoria del procesador, la instrucción en código máquina podría ser algo así:

```
1011000010010110
```

Los primeros cuatro dígitos son la orden de escribir el dato, la segunda serie de cuatro indica el registro de memoria en el que se quiere guardar, y el último grupo de cuatro dígitos se corresponde con el número 150 en representación binaria.

Como escribir instrucciones así es aburrido, difícil, y propenso a errores, se inventó el lenguaje ensamblador.

El lenguaje ensamblador, más que un lenguaje de programación en sí, es un simple sistema nemotécnico. En lugar de escribir largas ristras de números, se escribían algunas instrucciones cortas que, posteriormente, un programa traducía a estas ristras de números.

Por ejemplo: en lugar de usar "1011" como instrucción para guardar un dato en la memoria, se podía usar la palabra MOV. Cada registro de memoria del procesador tenía un nombre (AX, en el ejemplo que hemos visto) y los números se podían escribir en hexadecimal, que es más corto y fácil de recordar que el binario.

Así, nuestra instrucción quedaría más o menos así (96h es 150 escrito en notación hexadecimal):

```
MOV AX 96h
```

Esto era un avance, pero aún se sigue trabajando con instrucciones limitadas a registros de memoria, muy próximas a la forma de trabajar del ordenador, pero muy lejos de la lógica humana.

Naturalmente, conforme se iban escribiendo programas más complejos, esto se volvió impracticable. Hubo que inventar lenguajes de programación propiamente dichos, más sofisticados que el ensamblador.

Estos lenguajes permiten usar instrucciones que ya no se traducen a una sola instrucción de código máquina, sino a complejos conjuntos de ellas. Por ejemplo, para sumar varios números ya no hacía falta operar paso a paso moviendo bits entre distintos registros de memoria, teniendo en cuenta la longitud de los dígitos, controlando el acarreo, moviendo el resultado a cierta zona de memoria, etc., sino que, simplemente, se podía escribir algo como "5000 + 745 + 46".

Hoy en día existen multitud de lenguajes de programación pero, aunque los lenguajes ensambladores se siguen usando para ciertas tareas muy concretas, con el tiempo los lenguajes de programación se han ido aproximando más a nuestro propio lenguaje natural (o, para ser exactos, al inglés) y a la forma de pensar de los seres humanos.

En esto, como en casi todo, hay grados, y llamamos lenguajes de *bajo nivel* a aquellos que se acercan al modo de trabajar del ordenador, y lenguajes de *alto nivel* a los que se parecen más al modo de trabajar de los seres humanos.

1.2 LENGUAJES COMPILADOS E INTERPRETADOS

Para salvar el escollo entre lenguajes que entiende el procesador y lenguajes que entienden los humanos hay dos perspectivas: los lenguajes compilados y los interpretados.

Un lenguaje compilado es el que, tras escribir el programa, debe ser pasado por un programa especial (llamado compilador) que lo lee y crea a partir de él una versión en código máquina que es comprensible por el procesador. Al código escrito en el lenguaje de programación se le llama *código fuente* y a la versión *compilada* se le llama normalmente *binario*. Si hacemos algún cambio en el código fuente es necesario volver a compilarlo para obtener un nuevo programa.

Entre sus ventajas están el que suelen ser más rápidos que los lenguajes interpretados y que, una vez compilados, funcionan autónomamente, sin un programa que los interprete.

Por otro lado, al ser binarios, dependen de la plataforma en la que se ejecutan (procesadores distintos usarán binarios distintos), hay que compilar versiones distintas para cada plataforma y, cada vez que se modifican, necesitan ser compilados de nuevo.

Los lenguajes compilados más conocidos son el lenguaje C y sus variantes (C++, C#).

Un lenguaje interpretado, sin embargo, es el que se puede ejecutar sin necesidad de ser compilado. Para ello, en lugar de un compilador, tenemos lo que se llama un *intérprete*, que lee el código y ejecuta las instrucciones en él contenidas. Al no haber compilación no existe un binario, y los programas escritos en lenguajes interpretados se suelen llamar *scripts*.

Como ventajas tienen el que son portables entre plataformas (siempre que dispongan del intérprete adecuado) y que no necesitan ser compilados cada vez que se modifican.

Como desventajas, el que suelen ser más lentos que sus contrapartidas compiladas (aunque no siempre) y que necesitan de un intérprete.

Algunos de los lenguajes interpretados más famosos serían Perl, Ruby y, por supuesto, Python.

1.3 PARADIGMAS DE PROGRAMACIÓN

Otra cosa que distingue a unos lenguajes de programación de otros es el paradigma de programación en el que se basan.

Un paradigma de programación es "una forma de hacer las cosas". Existen muchos paradigmas, pero los más populares hoy en día son estos:

1.3.1 Programación imperativa

Es el paradigma más básico, el que subyace en cierto modo a cualquier otro paradigma, y el más usado.

En la programación imperativa el lenguaje se expresa a través de instrucciones, que son órdenes que cambian el estado de los datos sobre los que trabaja el programa.

1.3.2 Programación orientada a objetos

La programación orientada a objetos (POO) es probablemente el paradigma más de moda hoy en día, y el que ha supuesto algunos de los mayores avances en los últimos tiempos.

En este paradigma se trabaja con *objetos*, que son estructuras que permiten tanto almacenar como manipular datos de forma coherente e identificada.

1.3.3 Programación funcional

Este paradigma opera sobre los datos por medio de funciones que describen esos datos, de un modo muy parecido a como se opera con funciones matemáticas.

1.4 ¿QUÉ HEMOS VISTO EN ESTE TEMA?

Qué son los lenguajes de programación, para qué sirven, cómo se clasifican y las distintas formas (paradigmas) de usarlos.

2

PYTHON

Python es un lenguaje interpretado, de alto nivel y enfocado principalmente a la legibilidad y facilidad de aprendizaje y uso.

Como veremos a lo largo de este libro, Python es un lenguaje orientado a objetos, aunque soporta otros paradigmas como la programación funcional y, por supuesto, la programación imperativa.

Python es un lenguaje multiplataforma, lo que significa que puede usarse en multitud de sistemas distintos. Funciona en ordenadores con sistemas operativos Linux, BSD, Apple, Windows y muchos otros, pero también hay versiones para otros dispositivos, como terminales telefónicos inteligentes, etc.

Naturalmente, Python dispone, por medio del uso de *bibliotecas*, de herramientas para aprovechar las posibilidades concretas que le brinda cada plataforma, pero también es posible escribir programas evitando el uso de esas bibliotecas específicas, de modo que esos programas funcionen indistintamente en cualquier ordenador.

Python es software libre, y se distribuye bajo la licencia "Python Software Foundation License". Esto, entre otras cosas, significa que se distribuye gratuitamente y no necesita del pago de licencias o *royalties* para su uso, ya sea privado o comercial.

Guido van Rossum es el creador y BDLF (*Benevolent Dictator for Life*, benevolente dictador de por vida) de Python; y la filosofía que quiso darle es que el código debe ser limpio y legible, evitando "atajos" o construcciones que dificulten la comprensión del programa. Python es simple sin ser limitado.

Estas características hacen que Python sea un lenguaje ideal para aprender e iniciarse en la programación.

A pesar de que Python es una muy buena elección para aprender a programar, no es un lenguaje diseñado para aprender a programar. Python es un lenguaje completo perfectamente funcional, muy potente, y viene acompañado por una serie de paquetes que facilitan funciones para el trabajo con casi cualquier cosa. A este respecto, se dice que Python viene con "pilas incluidas".

2.1 SOFTWARE LIBRE

Ya hemos mencionado un par de veces que Python es software libre.

Aunque a menudo se interpreta equivocadamente como "software gratuito", el software libre es una filosofía que afirma que el software debe ser accesible a los usuarios.

En particular, los defensores del software libre afirman que hay una serie de derechos o "libertades del software" que todo usuario de un programa debería tener.

Según las propias palabras de la Free Software Fundation (*http://www.gnu.org/philosophy/free-sw.es.html*), las cuatro libertades del software libre son:

▼ La libertad de ejecutar el programa como se desea, con cualquier propósito (libertad 0).

▼ La libertad de estudiar cómo funciona el programa, y cambiarlo para que haga lo que usted quiera (libertad 1). El acceso al código fuente es una condición necesaria para ello.

▼ La libertad de redistribuir copias para ayudar a su prójimo (libertad 2).

▼ La libertad de distribuir copias de sus versiones modificadas a terceros (libertad 3). Esto le permite ofrecer a toda la comunidad la oportunidad de beneficiarse de las modificaciones. El acceso al código fuente es una condición necesaria para ello.

A lo largo de los últimos tiempos, la filosofía del software libre se ha extendido por todo el mundo, hasta tal punto que el software libre está detrás de la mayor parte de los grandes logros de la informática, desde la propia Internet hasta el sistema operativo Linux pasando por el propio Python.

2.2 EL ZEN DE PYTHON

El zen de Python (*http://www.python.org/dev/peps/pep-0020/*) viene a ser la carta de principios del lenguaje, su filosofía. Describe una serie de reglas que deberían seguirse tanto en el desarrollo del propio lenguaje, como en los programas que se hagan con él.

- Bello es mejor que feo.
- Explícito es mejor que implícito.
- Simple es mejor que complejo.
- Complejo es mejor que complicado.
- Plano es mejor que anidado.
- Disperso es mejor que denso.
- La legibilidad importa.
- Los casos especiales no son lo suficientemente especiales como para romper las reglas.
- Aunque la practicidad gana a la pureza.
- Los errores nunca deberían pasar en silencio.
- A menos que se silencien explícitamente.
- Frente a la ambigüedad, evita la tentación de adivinar.
- *Debería haber una (y preferiblemente solo una) manera obvia de hacerlo.*
- *Aunque puede no ser obvia al principio, salvo que seas holandés.*
- *Ahora es mejor que nunca.*
- *Aunque nunca es mejor que el ahora correcto.*
- *Si la implementación es difícil de explicar, es una mala idea.*
- *Si la implementación es fácil de explicar, podría ser una buena idea.*
- *Los espacios de nombres son una idea genial. ¡Hagamos más de eso!*

2.3 PYTHON 2 VERSUS PYTHON 3

Actualmente, existen dos versiones de Python conviviendo, ambas en desarrollo y con actualizaciones.

Por un lado, está la serie de "Python 2", que se encuentra en su versión 2.7 (en el momento de escribir este libro, la última versión estable es la 2.7.10, concretamente).

Simultáneamente, existe "Python 3", que se encuentra en su versión 3.4 (concretamente, en la 3.4.3).

Ambas versiones son muy similares, pero lo suficientemente diferentes para que un *script* escrito en Python 2 no sea compatible con Python 3, y viceversa.

Aunque, en el futuro, se espera que Python 3 sea la única versión que se mantenga, actualmente conviven las dos. De hecho, la actual versión de Python 2 es *posterior* a la actual versión de Python 3.

Desafortunadamente para las aspiraciones de Python 3, este no ha tenido una aceptación tan rápida como se esperaba. Una gran parte de las aplicaciones y librerías que se usan hoy en día existen para Python 2 pero aún no están portadas a Python 3 o solo lo están parcialmente.

Probablemente por esta razón, Python 2 sigue siendo hoy en día mucho más popular que Python 3. Y, por esta razón, en este libro vamos a usar Python 2 en lugar de Python 3.

¿Significa eso que vamos a aprender una versión de Python destinada a quedarse anticuada? Nada de eso. Por fortuna, las diferencias en la sintaxis de ambos lenguajes son mínimas, y aprender Python 2 es también aprender Python 3, si se tienen en cuenta unos aspectos mínimos.

Al final de este libro hay un apéndice en el que se da una pequeña lista de diferencias y algunos consejos para convertir nuestros *scripts* entre una versión y otra.

2.4 ¿QUÉ HEMOS VISTO EN ESTE TEMA?

Las características de Python y sus variantes. La filosofía que tiene detrás y el modo de enfocar la programación implícito en este lenguaje.

2.4.1 Tareas sugeridas

Quizás es pronto para comenzar con tareas, pero no sería mala idea consultar la página de Wikipedia dedicada a Python, para empezar a conocer algo de este lenguaje de programación.

3

ANTES DE EMPEZAR

Antes de poder trabajar con Python necesitamos algunas herramientas. La programación puede ser una labor muy compleja que requiera muchas herramientas pero, para comenzar a trabajar, nos bastará con el propio intérprete de Python y un editor de texto adecuado.

3.1 INSTALAR PYTHON

Como hemos visto, Python es un lenguaje interpretado por lo que, para poder ejecutar un programa escrito en este lenguaje, hace falta instalar un *intérprete*.

Instalar el intérprete de Python es muy simple y, en general y dependiendo del sistema operativo que estemos usando, se hace igual que cualquier otro programa.

3.1.1 Windows

El primer paso, naturalmente, es obtener el programa instalador. La forma más habitual para ello es descargarlo de Internet. Como ya hemos visto, Python es software libre, lo que significa que podemos descargarlo gratuitamente y usarlo sin tasas ni licencias.

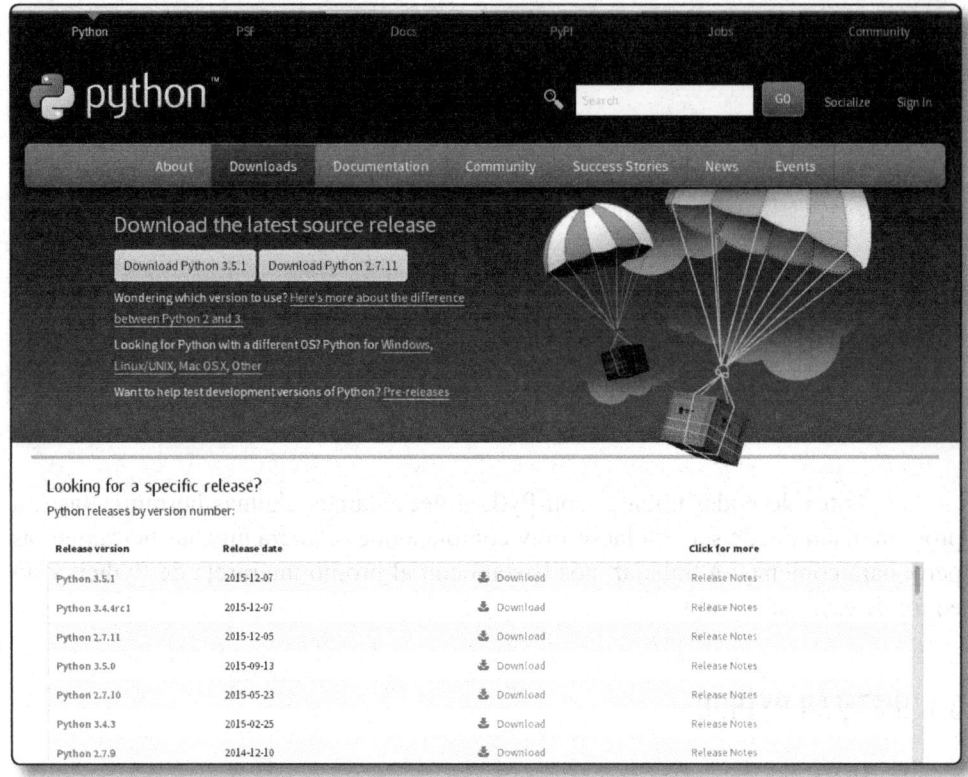

Figura 3.1. Web de descarga de Python

La página oficial de descargas de la Python Software Foundation, donde se encuentra la última versión, es *https://www.python.org/downloads/*.

 **NOTA**

En el momento de escribir este libro, las últimas versiones de Python son la 3.4.3 (con fecha 2015-02-25) y la 2.7.10 (con fecha 2015-05-23).

Esta página detecta el sistema operativo que estamos usando, y nos muestra en un lugar destacado el enlace a la descarga adecuada para nuestro sistema. Si por alguna razón este enlace no se muestra, o si queremos descargar una versión distinta (una versión anterior o para otro sistema operativo), esa misma página dispone de un listado de enlaces a las descargas de otras versiones (ordenados por fecha).

Como ya hemos visto, en los ejemplos de este libro se va a usar la versión 2.7.*, así que, tanto si es en la página principal como si preferimos la lista de enlaces, elegiremos la última versión que comience con esos dos números.

Si hemos decidido elegir nosotros mismos la versión del instalador, el enlace del listado nos dirigirá a la página de descargas, donde se encuentran las versiones para los distintos sistemas operativos. Los dos enlaces fundamentales para Windows son **Windows x86 MSI installer** para ordenadores de 32 bits, y **Windows x86-64 MSI installer** para máquinas más modernas, de 64 bits.

Una vez descargado el instalador (que ocupa unos 20 MB) slo es necesario ejecutarlo y seguir las instrucciones, como cualquier otro programa de instalación.

Figura 3.2. Instalador de Windows

El instalador nos permite configurar, si así lo deseamos, el directorio de instalación y los paquetes adicionales. Las opciones que da por defecto son perfectamente válidas y no es necesario cambiar nada.

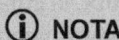 **NOTA**

Para solucionar problemas o encontrar más información de la instalación y el uso de Python en Windows puede ser útil la documentación oficial: *https://docs.python.org/2/using/windows.html.*

3.1.2 Mac OS

Mac OS X, a partir de la versión 1.8 Yosemite, ya tiene Python 2 preinstalado, por lo que no es necesario instalarlo. Si, por alguna razón, no estuviese disponible o hiciera falta una reinstalación, la página oficial de descargas de la Python Software Foundation está en *https://www.python.org/downloads/.*

En principio, la página debería detectar nuestro sistema operativo y mostrar en un lugar destacado el enlace a la descarga. Si por alguna razón este enlace no se muestra, o si queremos descargar una versión distinta (una versión anterior o para otro sistema operativo), esa misma página dispone de un listado de enlaces a las descargas de otras versiones (ordenados por fecha).

Como ya hemos visto, en los ejemplos de este libro se va a usar la versión 2.7.*, así que, tanto si es en la página principal como si preferimos la lista de enlaces, elegiremos la última versión que comience con esos dos números.

Siguiendo los enlaces de ese listado encontraremos los archivos **Mac OS X 32-bit i386/PPC installer** y **Mac OS X 64-bit/32-bit installer** para arquitecturas de 32 y 64 bits, respectivamente. Se trata de archivos de instalación pkg que solo hay que ejecutar para que se inicien y seguir los pasos que indica la instalación, y que nos permiten configurar el directorio de instalación y los paquetes adicionales. Las opciones que da por defecto son perfectamente válidas y no es necesario cambiar nada.

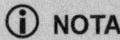 **NOTA**

Para solucionar problemas con o encontrar más información de la instalación y el uso de Python en Mac puede ser útil la documentación oficial: *https://docs.python.org/2/using/mac.html.*

3.1.3 Linux

Python 2 (que, recordemos, es la versión que se usará en este libro) viene instalado por defecto en la mayoría de sistemas Linux.

Si a pesar de todo es necesario instalarlo, se puede hacer fácilmente con el propio gestor de paquetes del sistema, ya sea en modo gráfico o en línea de comandos.

Probablemente lo más simple (y más adecuado a la filosofía de este libro) sea usar un gestor de paquetes en línea de comandos, ya que todo el proceso se ejecuta con una sola orden:

En sistemas tipo Debian (Debian, Ubuntu, Mint...) se puede hacer con el comando `apt-get`. Al ser una instalación, se necesitan permisos de superusuario, por lo que hace falta "logarse" con *root* o usar `sudo`:

```
apt-get install python
```

En sistemas basados en Redhat (Redhat, Fedora...) se puede instalar con el comando `yum` (de nuevo, se requieren permisos de *root*):

```
yum install python
```

En ArchLinux, se debe usar el gestor `pacman` (con permisos de *root*):

```
pacman -S python2
```

> ⓘ **NOTA**
>
> Al contrario que en la mayoría de sistemas Linux, en ArchLinux el ejecutable /usr/bin/python apunta a Python 3. Para ejecutar Python 2 debe usarse /usr/bin/python2.

Si, a pesar de todo, se prefiere un gestor de paquetes gráfico como Synaptic o Yumex, el procedimiento dependerá de cuál exactamente se trate, pero básicamente consiste en buscar el paquete de nombre "python" o "python2.7" e instalarlo por el procedimiento habitual.

> ⓘ **NOTA**
>
> Los expertos que quieran compilar sus propios ejecutables (para cualquier sistema operativo) a partir del código fuente, pueden encontrar dos enlaces a este en la página de descargas, con los nombres **Gzipped source tarball** y **XZ compressed source tarball** (según el formato de compresión que se prefiera).

3.2 UNA VEZ INSTALADO

El intérprete no es lo único que necesitaremos. Para escribir programas hace falta un editor de texto. Es importante distinguir un editor de texto, que es un programa para crear o modificar *texto plano* (esto es, sin formato ni características especiales) de un *procesador de textos* que genera documentos complejos, con diversos tipos de letra, títulos, negritas, etc.

Windows dispone del Bloc de notas, al igual que Mac tiene el TextEdit. Ambos permiten guardar documentos en texto plano o (también llamado a veces *texto simple* o *texto normal*), que es lo que necesitamos para nuestros *scripts* en Python.

Lo malo es que son editores muy limitados.

Para que un editor de texto sea una herramienta de programación cómoda, lo mínimo que necesita es características como mostrar el número de línea, iluminar el código (poner automáticamente en distintos colores los diferentes elementos del lenguaje), utilidades para autocompletar el código mientras se escribe o para pegar *snipets* (pequeños pedazos de código predefinidos), etc.

En el caso de Linux, casi cualquier editor de texto que tenga preinstalado tu distribución es adecuado para iniciarse en la programación. Casi todos ellos disponen de las características esenciales sin ser demasiado complicados.

Para la redacción de este libro y sus ejemplos se ha usado Gedit (*https://wiki. gnome.org/Apps/Gedit*), que es software libre; es el editor de texto predefinido del escritorio Gnome y tiene versiones para Linux, Windows y Mac.

En el *wiki* oficial de Python hay un extenso listado de editores para todas las plataformas y sus características (*https://wiki.python.org/moin/PythonEditors*).

Los editores más especializados, conocidos como IDE (*Integrated Development Environments*), disponen además de herramientas más avanzadas como control de versiones, explorador de archivos, *debugger* (para buscar y gestionar errores), gestor de proyectos, consola virtual, etc.

Aunque todo ello es a costa de ser más complejos de instalar, configurar y usar, y no se recomiendan para el usuario menos avanzado.

Probablemente los dos IDE más conocidos hoy en día, que son además software libre y multiplataforma, son Eclipse (*http://www.eclipse.org/users/*) y Netbeans (*https://netbeans.org*), aunque existen algunos otros más especializados en Python como Ninja-IDE (*http://ninja-ide.org/*).

Naturalmente, en el *wiki* oficial de Python también hay un extenso listado de IDE, sus características y ayuda para la configuración (*https://wiki.python.org/moin/IntegratedDevelopmentEnvironments*).

3.2.1 El IDLE

Si no tenemos especial preferencia por ningún editor de texto, es posible que queramos usar el IDLE (*https://docs.python.org/2/library/idle.html*).

En Windows y Mac, al instalar Python, se añade automáticamente una aplicación llamada IDLE. En sistemas Linux no tiene porqué estar instalada por defecto, pero se puede instalar fácilmente con cualquier gestor de paquetes como, por ejemplo:

```
apt-get install idle
yum install python-tools
```

El IDLE (*Integrated Development and Learning Environment*) es un programa con interfaz gráfica (y escrito en Python) que contiene varias utilidades para Python, como un intérprete en tiempo real (en el que podemos escribir instrucciones de Python y ver sus resultados sobre la marcha), un editor de texto sencillo y algunas otras herramientas; y es probablemente la mejor manera de comenzar a usar Python.

Para iniciar el IDLE en sistemas UNIX solo hay que ejecutar la orden `idle` en un terminal, aunque la mayoría de sistemas tiene además un icono en sus menús de herramientas con la misma finalidad.

En sistemas Windows existe un icono en el menú Inicio para ejecutar el IDLE.

Al iniciar el IDLE por primera vez se nos mostrará una ventana con un *shell* interactivo de Python (esto puede cambiarse en la configuración del programa, por medio de la opción **Configure IDLE** del menú **Options**).

```
Python 2.7.10+ Shell                                    ✕
File  Edit  Shell  Debug  Options  Window  Help
Python 2.7.10+ (default, Oct 10 2015, 09:11:24)
[GCC 5.2.1 20151003] on linux2
Type "copyright", "credits" or "license()" for more information.
>>> |
```

Figura 3.3. Shell del IDLE

En esta ventana se muestra información de nuestra versión de Python y se nos presenta un *prompt* consistente en tres símbolos de "mayor que" (>>>) en el que podemos escribir instrucciones de Python y ejecutarlas una a una.

Cada vez que se ejecuta una orden (pulsando la tecla **ENTER** tras escribirla) Python nos muestra el *retorno* de esa instrucción, el resultado de su ejecución.

El *shell* de Python del IDLE puede ser muy útil para ejecutar comandos y ver su resultado, pero lo que más usaremos será el editor de texto.

Para comenzar a escribir un nuevo programa, tenemos la opción **New file** del menú **File**. Esto nos abrirá una ventana del editor vacía. También podemos abrir una ventana conteniendo un programa ya existente con la opción **Open...**

```
test.py – /home/allan/test.py (2.7.10+)                              ×

File  Edit  Format  Run  Options  Window  Help

#!/usr/bin/python
# -*- coding: utf-8 -*-

import Tkinter

def saludar():
    texto['text'] = "Hola amigo"

def despedir():
    texto['text'] = "Hasta la vista"

# Ventana principal
principal = Tkinter.Tk()

# Título de la ventana
principal.wm_title("Programilla")

# Texto que se muestra
texto = Tkinter.Label(principal, text="Saluda")

# Botones
boton_saluda = Tkinter.Button(principal, text="Hola", command=saludar)
boton_despide = Tkinter.Button(principal, text="Adios", command=despedir)

texto.pack()
boton_saluda.pack()
boton_despide.pack()

principal.mainloop()

                                                        Ln: 29 Col: 20
```

Figura 3.4. Editor del IDLE

La ventana del editor es muy similar a la del *shell*, aunque algunos menús de la barra superior cambian entre una y otra.

El primero de estos menús, común a ambas ventanas, es **File**.

Este menú, como hemos visto, contiene opciones como **Open…**, que sirve para abrir un nuevo fichero (lo que, como veremos un poco más adelante, inicia el editor de textos del IDLE) y **Open module...**, que abre un archivo ya existente. La opción **Recent files**, por su parte, abre un desplegable con los últimos archivos que se han editado (la primera vez, lógicamente, no muestra nada) y también permite abrirlos.

El navegador de clases **Class Browser** es una herramienta muy útil, ya que dispone de un buscador que nos permite abrir cualquier módulo de Python conociendo su nombre y nos lo muestra acompañado de una ventana con sus clases, funciones, etc. La opción **Path Browser** es similar, pero explorando un árbol de directorios en lugar de un buscador.

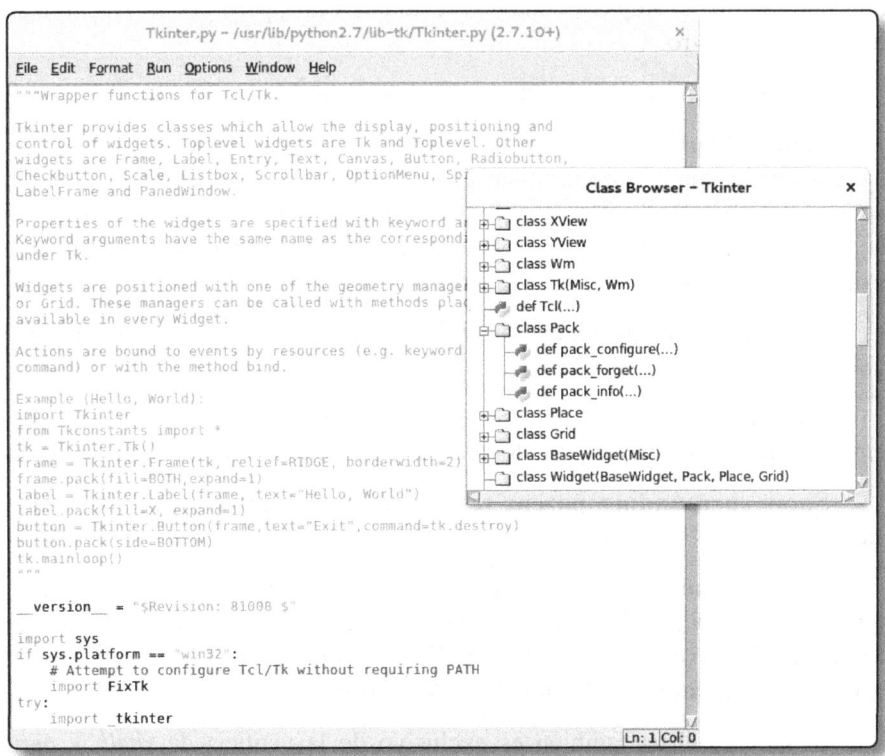

Figura 3.5. Class Browser

Los siguientes tres elementos del menú, **Save**, **Save as** y **Save copy as**, permiten guardar el trabajo realizado, guardarlo asignándole un nombre y guardar una copia con un nombre distinto al que tiene.

Print imprimirá el contenido de la ventana y, por último **Close** y **Exit** cerrarán la ventana con la que estamos trabajando y todas las ventanas abiertas, respectivamente.

El siguiente menú, también presente tanto en el *shell* como en el editor, es **Edit**. Sus dos primeros elementos, **Undo** y **Redo**, sirven para deshacer la última acción y para volver a hacerla, respectivamente.

Cut y **Copy** sirven, respectivamente, para cortar un texto seleccionado y para copiarlo, mientras que **Paste** sirve para pegar un texto previamente copiado en la posición actual del cursor. **Select all** selecciona todo el contenido de la ventana.

Find abre un menú de diálogo que nos permite buscar el texto que deseemos en la ventana. **Find again** repite la última búsqueda realizada. **Find selection** busca el texto que tengamos seleccionado en ese momento, y **Find in Files** permite buscar en múltiples archivos. **Replace** funciona igual que **Find**, pero permite reemplazar el texto buscado por otro.

Go to Line mueve automáticamente el cursor a la línea indicada.

Show completions muestra una lista con posibles opciones de funciones y elementos del lenguaje, para terminar el texto que se está escribiendo, para poder autocompletar este y agilizar la escritura de órdenes. Un efecto similar tiene pulsar la tecla **TAB** mientras se está escribiendo, y es una de las herramientas más útiles que el programador puede encontrar en un editor de texto.

Expand word tiene un efecto similar, pero trata de autocompletar a partir de palabras ya presentes en la ventana.

Show call tip muestra un pequeño texto contextual de ayuda que se despliega cuando el puntero está en los paréntesis de una función o método.

Show surrounding parens resalta el espacio entre paréntesis donde se encuentre el cursor.

El menú **Shell**, que solo se encuentra en la ventana del *shell* y no en la del editor, tiene dos opciones: **View last restart**, que hace *scroll* en la pantalla hasta retornar a la última vez que se reinició el *shell*, y **Restart Shell**, que reinicia el *shell* borrando las variables y estados que hubiese en memoria.

El menú **Debug** también es exclusivo de la ventana de *shell*, y permite controlar la ejecución de las instrucciones para depurar errores. El primer elemento, **Go to File/Line**, busca en torno al cursor un nombre de archivo y un número de línea y, si lo encuentra, abre una ventana del editor conteniendo ese archivo y mostrando resaltado el contenido de esa línea. El formato para indicar fichero y línea debe ser parecido a este:

```
File "test.py", line 15
```

Este es el mismo formato en el que Python devuelve los mensajes de error, por lo que resulta muy cómodo para encontrar problemas y errores en nuestro código.

La opción **Debugger** abre una ventana en la que podemos ver en tiempo real, mientras ejecutamos instrucciones, el estado de las variables, los módulos cargados y otros parámetros del programa en ejecución.

Stack viewer muestra un diagrama en árbol con el estado de la pila de excepciones. Este diagrama permite acceder a las variables globales y locales del programa en ejecución. **Auto open Stack viewer** hace que Stack viewer se abra automáticamente cuando haya algún error.

Figura 3.6. Stack viewer

El menú **Format** aparece solo en el editor, y tiene herramientas para formatear el código de una forma más cómoda.

Indent region indenta el código seleccionando un nivel, justo lo contrario de lo que hace **Dedent region**.

Comment out region *comenta* un bloque de código añadiéndole los símbolos ## delante, mientras que **Uncomment region** quita los signos de comentario del área seleccionada.

Tabify region convierte el indentado con espacios en tabulaciones, y **Untabify region** hace lo contrario, mientras que **Togle tabs** cambia el indentado por defecto entre espacios y tabuladores.

En Python se recomienda olvidarse del carácter *tabulador* y usar en su lugar cuatro espacios para tabular el código, por lo que esa es la configuración por defecto del editor. De todos modos, en el siguiente elemento del menú **New indent width**, se puede cambiar el número de espacios que el editor usa cada vez que se pulsa la tecla **TAB**.

Format paragraph reformatea el párrafo actual para que se adecúe al ancho estándar predefinido (72 caracteres de ancho, por defecto).

Por último, **Strip trailing whitespace** elimina los espacios en blanco sobrantes al final de las líneas.

El menú **Run**, que también es exclusivo del editor, tiene solo tres opciones. La primera de ellas es **Python Shell**, que abre una ventana de *shell*. La segunda es **Check module**, que comprueba la sintaxis de programa que haya en el editor en ese momento, avisando si hay algún error.

La última es **Run module**, que ejecuta el programa en un *shell*. Cuando estemos programando y queramos probar si nuestro programa funciona correctamente, esta opción nos permitirá ejecutar el programa sin tener que abrir un terminal ni buscar donde sea que lo tengamos guardado.

El menú **Options** tiene dos elementos, **Configure IDLE** y **Configure extensions**, que sirven para cambiar la configuración por defecto de los distintos componentes del IDLE, tales como qué ventana se abre al inicio, la tipografía o los colores, aspectos del autocompletado y un amplio etcétera.

El menú **Window** permite aumentar el tamaño de la ventana y, cuando hay más de una ventana abierta, pasar de una a otra cómodamente.

Y, por último, el menú **Help** provee de información legal sobre el propio IDLE por medio del elemento de menú **About IDLE**, una pequeña ayuda de uso en **IDLE Help** y acceso a la documentación *online* de Python en **Python Docs**.

Además de lo visto, el editor del IDLE ilumina el código, destacando con distintos colores cada elemento del lenguaje (estos colores también pueden configurarse). Probablemente la herramienta más útil del IDLE es su capacidad de autocompletado. Si, mientras estamos escribiendo una sentencia o un elemento del lenguaje, pulsamos la tecla **TAB**, el IDLE intentará completar la palabra. Si hay varias opciones posibles, se mostrará una lista con ellas.

Casi con total seguridad, el IDLE no es el mejor ni el más completo editor de código para Python. Pero es una herramienta muy útil y fácil de usar, que nos va a servir de mucha ayuda para aprender Python.

3.3 ¿QUÉ HEMOS VISTO EN ESTE TEMA?

Dónde puede obtenerse Python. La forma de instalarlo dependiendo de nuestro sistema operativo. Qué más programas necesitamos para poder trabajar cómodamente con Python. El IDLE.

3.3.1 Tareas sugeridas

✔ Instalar Python.

✔ Instalar un editor de texto que nos resulte cómodo (el IDLE es una buena idea para empezar).

✔ Explorar nuestro editor de texto para familiarizarnos con él.

4

COMENZANDO A PROGRAMAR

4.1 HOLA MUNDO

Es una especie de tradición comenzar a mostrar el funcionamiento de un lenguaje de programación haciendo un programa que muestre el texto "Hola Mundo".

Hacer esto en Python es muy sencillo: solo es necesario un programa de una línea:

```
print "Hola Mundo"
```

Salida del programa:

```
Hola Mundo
```

En este ejemplo la palabra `print` es una instrucción propia de Python (más propiamente, una *sentencia*) que sirve para mostrar un texto en la pantalla, y el texto "Hola Mundo" entrecomillado es lo que se llama una *cadena de texto* o, simplemente, *cadena*. En conjunto, la expresión resultante significa algo así como "imprime en la pantalla el texto 'Hola Mundo'".

Usaremos nuestro editor de texto para escribir eso en un archivo y lo guardaremos con el nombre *miscript.py*. En sistemas tipo UNIX (como Linux y Mac OS X) el nombre que le pongamos no es especialmente relevante (más allá de que sea reconocible y fácil de escribir). En sistemas tipo Windows será necesario que el nombre que elijamos acabe siempre en ".py", porque esa es la forma que tiene Windows de reconocer que el archivo es un *script* de Python.

> (i) **NOTA**
>
> A la parte del nombre de un fichero que va después del punto se le suele llamar "extensión".

Ahora debemos abrir un terminal.

> (i) **NOTA**
>
> En Mac el terminal debería estar en el menú Aplicaciones -> Utilidades -> Terminal.
> En Windows aparece como Símbolo del sistema.

En nuestro terminal podremos ver lo que se llama una "línea de comandos" (o línea de órdenes). Su apariencia varía de un sistema a otro, pero consiste en una interfaz de interacción con los programas a través de instrucciones en modo texto.

> (i) **NOTA**
>
> El uso de la línea de comandos va más allá de este libro. Se puede encontrar más información, por ejemplo, en estas direcciones:
> - Windows: *http://windows.microsoft.com/es-xl/windows/command-prompt-faq.*
> - Mac OS X: *http://foro-mac.com.ar/tutorial-como-usar-la-terminal-en-mac/.*
> - Linux: *https://es.wikibooks.org/wiki/Manual_de_consola_Bash_de_Linux.*

En esa línea de comandos, usando las instrucciones del sistema, debemos desplazarnos al directorio donde está el *script*, y ejecutarlo escribiendo:

```
python miscript.py
```

> (i) **NOTA**
>
> En Windows no es necesario escribir "python", escribiendo solo "miscript.py" es suficiente.
> (Suponiendo que "miscript.py" sea el nombre que le hemos dado a nuestro programa.)

Esto, si no nos hemos equivocado en nada, hará que se nos muestre el texto "Hola Mundo" en la terminal en la que estamos ejecutando el programa.

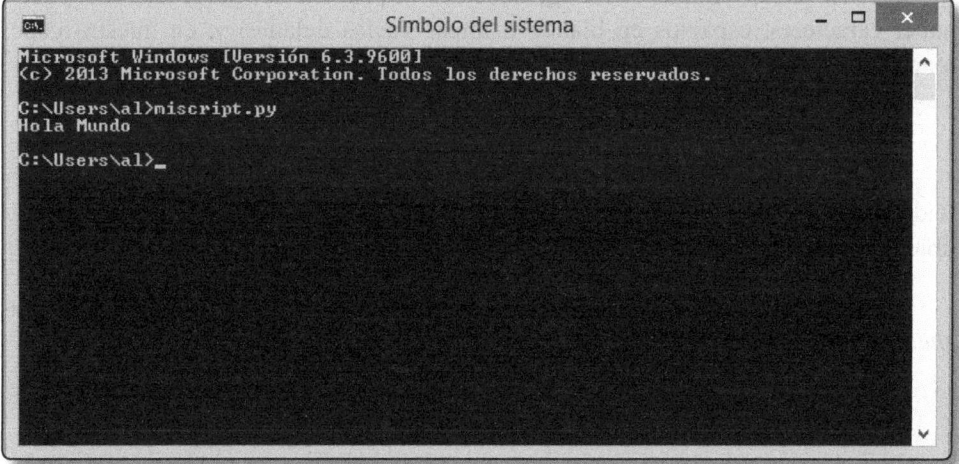

Figura 4.1. Ejecución en Linux

Figura 4.2. Ejecución en Windows

¿Qué hemos hecho? Con esta orden lo que hacemos es ejecutar el intérprete de Python, pero esta vez pasándole como parámetro el nombre del programa que hemos escrito, para que lo ejecute directamente en lugar de iniciar una sesión interactiva como vimos anteriormente.

Ejecutar: "invocar" a un programa para que haga lo que sea que debe hacer. En entornos gráficos los programas se ejecutan haciendo doble clic sobre su icono; en línea de comandos se hace escribiendo su nombre.

Podemos probar a cambiar el texto (sin olvidar las comillas) y guardar de nuevo el archivo con los cambios y veremos que, al ejecutar de nuevo el *script*, se imprime en pantalla lo que le indiquemos.

> ### ⓘ NOTA
>
> Naturalmente, si estamos usando el IDLE, también es posible ejecutar nuestros programas directamente con la opción Run module del menú Run.

Si queremos ejecutar nuestros programas directamente, sin tener que llamar al intérprete de Python, tendremos que hacer unos pequeños cambios, dependiendo de nuestro sistema operativo.

En sistemas tipo UNIX como Linux o Mac OS X, los *scripts* deben comenzar por una línea que indique qué intérprete debe ejecutar ese *script*.

Esa línea, llamada *shebang*, debe ser la primera del programa (no puede haber caracteres, espacios en blanco o líneas vacías delante) y, en nuestro caso, tendrá una forma parecida a esto:

```
#!/usr/bin/python
```

Los signos "#!" son los que indican que se trata de un *script* y que debe ser leído por un intérprete, y el texto "/usr/bin/python" es la ruta en el sistema donde se ubica ese intérprete.

En Windows esto no es necesario pero tampoco es perjudicial y, si existe un *shebang*, el sistema simplemente lo ignorará como si no estuviera ahí.

> ### ⓘ NOTA
>
> En los sistemas tipo UNIX puedes averiguar la ruta del intérprete de Python abriendo un terminal y ejecutando el comando `which python`.

Otra opción es usar el *shebang* "#!/usr/bin/env python", que es más genérico y sirve en casi cualquier sistema tipo UNIX.

Además, como es normal en los sistemas tipo UNIX, es necesario darle permisos de ejecución a nuestro programa.

La forma más fácil de hacer esto es, de nuevo, desde la línea de órdenes, abriendo un terminal y escribiendo:

```
chmod +x miscript.py
```

La orden *chmod* sirve para cambiar permisos de archivos. El modificador +x le indica que el permiso que le queremos dar es el de ejecución y, por último, debe ir el nombre del archivo al que le queremos dar ese permiso.

Una vez hecho esto, para ejecutar nuestro *script*, solo es necesario escribir (sin tener que invocar expresamente al intérprete de Python):

```
miscript.py
```

También podremos ejecutar el *script* desde el entorno gráfico haciendo doble clic sobre su icono.

En algunas plataformas Windows, al ejecutar el programa haciendo doble clic sobre su icono, se abre un terminal con el resultado de la ejecución y se cierra instantáneamente, sin darnos tiempo a ver nada.

Una solución, no muy elegante pero útil, es añadir la línea `raw_input()` al final del programa, con lo que este esperará a que se pulse la tecla **ENTER** antes de que se cierre la ventana:

```
#!/usr/bin/python
print "Hola Mundo"
raw_input()
```

Salida del programa:

```
Hola Mundo
```

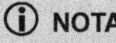 **NOTA**

Raw_input() es una función de Python que sirve para obtener entradas desde teclado, y la veremos un poco más adelante.

Ahora, añadiendo el *shebang*, nuestro programa debería tener un aspecto parecido al siguiente:

```
#!/usr/bin/python

print "Hola Mundo"
```

Salida del programa:

```
Hola Mundo
```

Naturalmente, podemos ejecutar más de una instrucción ubicándolas en líneas consecutivas. El intérprete de Python las ejecutará una a una de arriba abajo:

```
#!/usr/bin/python

print "Hola"
print "Mundo"
```

Salida del programa:

```
Hola
Mundo
```

ⓘ **NOTA**

La instrucción `print` introduce automáticamente un retorno de carro después del texto que muestra en pantalla, por lo que el siguiente texto se imprime en otra línea. Si queremos evitar que ponga ese retorno de carro, solo tenemos que acabar la instrucción con una coma, haciendo algo como print `"texto",`.

La línea en blanco entre el *shebang* y las instrucciones (o entre las instrucciones, si hay más de una) está ahí simplemente por claridad. El programa funcionará exactamente igual sin ella, o añadiendo varias. Python ignora las líneas en blanco y, a la hora de programar, nosotros deberíamos usarlas como sea necesario para que el programa sea más legible.

Este es un tema más importante de lo que parece a primera vista. A menudo, al escribir un programa, nos olvidamos de que llegará el día en que queramos leerlo o modificarlo de nuevo, o de que puede que otras personas quieran leer ese código. Por eso debemos hacer que sea siempre lo más legible y comprensible posible.

Una herramienta para ayudarnos en esto son los comentarios. Se puede añadir comentarios a un programa, que serán completamente ignorados por el intérprete, pero que pueden ser muy útiles para que los seres humanos entiendan el código.

Un comentario se pone precedido del símbolo "almohadilla" (#) de este modo:

```
#!/usr/bin/python

# Esto imprime la cadena "Hola mundo"
print "Hola Mundo"
```

Salida del programa:

```
Hola Mundo
```

Todo lo que haya después de la almohadilla será ignorado por el intérprete, de modo que se puede poner un comentario a continuación de una línea de código de este modo:

```
#!/usr/bin/python

print "Hola Mundo" # Esto imprime la cadena "Hola mundo"
```

Salida del programa:

```
Hola Mundo
```

Es importante hacer notar que el comentario será ignorado aunque se trate de código de Python, lo que a veces puede ser muy útil cuando estamos haciendo pruebas y queremos "desactivar" alguna orden:

```
#!/usr/bin/python

# Esto imprime la cadena "Hola mundo"
print "Hola Mundo"

# Pero esto no imprime nada, porque está marcado como comen-
tario
#print "Chao Mundo"
```

Salida del programa:

```
Hola Mundo
```

4.2 UTF

Cuando empieza a leer un programa para ejecutarlo, el intérprete de Python espera que el texto se encuentre codificado en formato ASCII.

ASCII es una codificación que usa siete bits para codificar hasta 128 caracteres (32 de ellos no imprimibles). Es una codificación antigua pero reconocida por prácticamente cualquier ordenador.

El problema es que, al estar tan limitada en cuanto al número de caracteres y estar orientada al alfabeto inglés, la codificación ASCII no permite usar cosas como nuestra letra "ñ" o los caracteres acentuados por lo que, si tratamos de ejecutar un *script* que contenga alguno de estos caracteres, Python nos dará un aviso de error y detendrá la ejecución del programa.

Para poder escribir en español necesitamos usar la codificación UTF-8 y, además, decirle a Python que la estamos usando.

UTF-8, al contrario que ASCII, usa un tamaño variable para representar cada carácter. Se trata de un subconjunto de Unicode que puede representar cualquier carácter de esta codificación, lo que significa casi cualquier carácter imaginable.

Normalmente, cualquier sistema operativo moderno usa UTF-8 por defecto o permite usarlo. Suele haber un menú desplegable para ello en la ventana **Guardar** del editor de texto que estemos empleando. El IDLE tiene una opción en el apartado **Configure IDLE** del menú **Options** para configurar la codificación por defecto.

Para indicarle a Python que nuestro *script* contiene caracteres UTF-8 se le añade la siguiente línea, justo debajo del *shebang*:

```
# -*- coding: utf-8 -*-
```

De este modo, nuestro "Hola Mundo" ahora tendría este aspecto:

```
#!/usr/bin/python
# -*- coding: utf-8 -*-

print "Hola Mundo"
```

> *Salida del programa:*

```
Hola Mundo
```

Como hemos visto, estrictamente hablando, las dos primeras líneas no forman parte de Python (por eso van precedidas de una almohadilla a modo de comentario), sino que son una forma de describir información sobre el archivo en sí.

4.3 ¿QUÉ HEMOS VISTO EN ESTE TEMA?

Los pasos necesarios para escribir y ejecutar nuestro primer programa.

4.3.1 Tareas sugeridas

✓ Para empezar, deberíamos (si no lo hemos hecho ya) probar a escribir nuestro primer "Hola Mundo", para después ejecutarlo y ver el resultado.

✓ Podemos probar a escribir varios textos diferentes y a añadir al programa varias órdenes `print` diferentes.

✓ ¿Se muestran correctamente los acentos y otros caracteres especiales? Puede que tengamos que asegurarnos de guardar el archivo como UTF-8 y de advertirlo en la cabecera del archivo como hemos visto.

TRABAJANDO CON DATOS

5.1 VARIABLES

A los textos o valores numéricos que escribimos directamente en nuestro código, como hemos hecho en los ejemplos anteriores, se les llama *literales*.

Si solo pudiésemos hacer operaciones con literales, estaríamos bastante limitados. Para conseguir que Python haga por nosotros tareas más complejas necesitamos usar las llamadas *variables*.

Una variable se puede ver como un contenedor en el que podemos guardar información y usarla posteriormente. Casi todas las operaciones que hagamos en un programa las haremos sobre valores guardados en variables.

Para asignar un valor a una variable se usa el signo igual (=).

```
#!/usr/bin/python
# -*- coding: utf-8 -*-

variable = 5

print variable
# Esto imprimirá 5
```

Salida del programa:

5

> **ⓘ NOTA**
>
> En realidad, no es necesario que haya un espacio a cada lado del signo igual. Poner "variable=5" funcionará perfectamente, pero es mucho menos cómodo de leer y no se recomienda. Esto se aplica a casi cualquier símbolo u operación que usemos en Python.

También en una suerte de taquigrafía, se pueden asignar valores a variables separándolas por comas de este modo:

```
#!/usr/bin/python
# -*- coding: utf-8 -*-

primera_variable, segunda_variable, tercera_variable = 1,
"dos", 3

print primera_variable
print segunda_variable
print tercera_variable
```

Salida del programa:

```
1
dos
3
```

En Python no es necesario declarar las variables explícitamente antes de usarlas, sino que se crean automáticamente y adoptan un tipo de contenido (veremos esto más adelante) al asignarles un valor por primera vez. Esto es lo que técnicamente se llama un lenguaje "de tipado dinámico".

Como su propio nombre indica, el valor de las variables puede cambiar (y, de hecho, es normal que cambie) a lo largo de un programa.

Por ejemplo:

```
#!/usr/bin/python
# -*- coding: utf-8 -*-

mi_primera_variable = "Hola Mundo"

mi_segunda_variable = "Adiós Mundo"
```

```
print mi_primera_variable
# Esto imprimirá "Hola Mundo"

mi_primera_variable = mi_segunda_variable

print mi_primera_variable
# Esto ahora imprimirá "Adiós Mundo"
```

Salida del programa:

```
Hola Mundo
Adiós Mundo
```

El nombre de una variable no puede contener espacios, debe comenzar por una letra o por un guión bajo (_), no puede comenzar por un número, pero sí puede contener números. Como hemos dicho, en Python se distingue entre mayúsculas y minúsculas, por lo que "Variable", "variable" y "VARIABLE" son nombres distintos y Python las considerará variables distintas.

Además, lógicamente, no podemos usar palabras reservadas de Python (aquellas que, como *print*, tienen un significado especial para Python) como nombre de variable.

Afortunadamente, las palabras reservadas de Python no son muchas:

and, assert, break, class, continue, def, del, elif, else, except, exec, finally, for, from, global, if, import, in, is, lambda, not, or, pass, print, raise, return, try, while.

ⓘ NOTA

Es conveniente usar nombres descriptivos para nuestras variables, para facilitar la lectura posterior del código (algún día tendrás que revisarlo, y agradecerás todas las facilidades). No es lo mismo usar "variable1" que "apellido_comprador".

Por convención, se suelen usar nombres en minúscula para las variables (separados por guiones bajos si están formadas por más de una palabra), mientras que se reservan los nombres en mayúscula como "VARIABLE" para las constantes (variables cuyo valor pretendemos que no cambie durante el transcurso del programa).

Naturalmente, podemos mezclar variables y literales en nuestros programas:

```
#!/usr/bin/python
# -*- coding: utf-8 -*-
```

```
numero = 5

resultado = numero + 7

print resultado
# Mostrará 12
```

Salida del programa:

```
12
```

Hemos dicho antes que Python es un lenguaje de tipado dinámico. Al asignar un valor a una variable, decidimos implícitamente el tipo de dato que esta contendrá. No es lo mismo que una variable contenga un número a que contenga un texto y, cuando sea necesario, Python se comportará de modo distinto según el tipo de dato que estemos usando.

Por ejemplo: el signo "+" usado en un contexto numérico suma los valores pero, como veremos más adelante, si se aplica a cadenas de texto sirve para concatenar esas cadenas:

```
#!/usr/bin/python
# -*- coding: utf-8 -*-

primer_numero = 5

segundo_numero = 8

suma = primer_numero + segundo_numero

print suma
# Mostrará 13

primera_cadena = "Hola"

segunda_cadena = "Mundo"

union = primera_cadena + segunda_cadena

print union
# Mostrará HolaMundo
```

Salida del programa:

```
13
HolaMundo
```

Además, Python es también un lenguaje "fuertemente tipado", lo que significa que no permite mezclar tipos de datos libremente. Si, por ejemplo, intentamos "sumar" un texto con una variable numérica, Python no lo permitirá y dará un aviso de error.

Esto significa que el siguiente código es inválido y fallará:

```
#!/usr/bin/python
# -*- coding: utf-8 -*-

# Este ejemplo mezcla tipos y dará error

numero = 5

cadena = "Hola"

union = numero + cadena

print union
```

Salida del programa:

```
Traceback (most recent call last):
  File "test.py", line 10, in <module>
    union = numero + cadena
TypeError: unsupported operand type(s) for +: 'int' and 'str'
```

5.2 TIPOS DE DATOS

Aunque se pueden usar módulos y otras características de Python para definir nuestros propios tipos de datos, Python tiene sus propios tipos predefinidos básicos, que son los siguientes (y los que usaremos normalmente en nuestros programas):

5.2.1 Números enteros (int)

Un entero es un número sin decimales, positivo o negativo.

En Python el tamaño máximo que puede tener un entero depende de la plataforma pero, como mínimo, será de 32 bits, lo que permite manejar un rango de números entre el -2147483647 y el 2147483647. En ordenadores de 64 bits el rango sube hasta -9223372036854775807 y 9223372036854775807.

Para asignar un número entero a una variable solo tenemos que hacer:

```
#!/usr/bin/python
# -*- coding: utf-8 -*-

un_numero = 75

otro_numero = -134
```

Por supuesto, no es necesario asignar el valor a una variable directamente. Un número también puede ser el resultado de una operación, aunque eso lo veremos con más detalle un poco más adelante:

```
#!/usr/bin/python
# -*- coding: utf-8 -*-

numero = 5 + 14
```

5.2.2 Números enteros largos (long)

Si el entero no es suficiente disponemos del entero largo, cuya longitud es arbitraria y no tiene límite superior ni inferior.

Para especificar que queremos que un número se almacene como tipo *long* y no como tipo *int* le añadimos detrás una letra "L" de este modo:

```
#!/usr/bin/python
# -*- coding: utf-8 -*-

entero_largo = 145L
```

Un mismo número ocupa más memoria guardado como tipo *long* que como tipo *int*, de modo que es mejor usar este último siempre que sea posible.

5.2.3 Números en coma flotante (float)

Llamamos números en coma flotante a los números racionales. Es decir, a los que tienen expansión decimal.

El máximo número que permite este tipo es 1.7976931348623157e+308, y el mínimo 2.2250738585072014e-308. En Python los decimales se separan con un punto (.).

```
#!/usr/bin/python
# -*- coding: utf-8 -*-

coma_flotante = 2.5
```

5.2.4 Números complejos (complex)

Los números complejos son una abstracción matemática, ideada para resolver el problema de las raíces de números negativos. Son aquellos que tienen parte real y parte imaginaria, el formato numérico más exótico de los que hemos visto y, probablemente, el que menos usaremos.

Para usar un número complejo hay que indicar su parte real normalmente y su parte imaginaria seguida de la letra "j" de este modo:

```
#!/usr/bin/python
# -*- coding: utf-8 -*-

numero = 34 + 5j
```

5.2.5 Notación

Para indicar un número, normalmente usamos la notación decimal (en base 10) a la que estamos acostumbrados, pero no es la única que Python nos permite. No es algo que vayamos a usar a menudo pero, aparte de las diferencias en tipos numéricos, Python nos permite usar las notaciones binaria, octal, hexadecimal y científica.

Es importante señalar que esto afecta solo a la forma de representar el número, no al tipo de dato ni a cómo se almacena internamente.

Por ejemplo, para representar un número en base 8 (notación octal) se haría indicando un cero delante, del siguiente modo:

```
#!/usr/bin/python
# -*- coding: utf-8 -*-

numero = 0165

print numero
# El número 165 en base octal equivale al 117 en base decimal
```

Salida del programa:

117

Si, en este ejemplo, le indicamos que nos muestre el número con un `print numero`, mostrará 117, que es ese mismo en base decimal.

Para usar la base binaria (base 2), que solo usa unos y ceros, se antepone al número el código 0b, como se puede ver en este ejemplo:

```
#!/usr/bin/python
# -*- coding: utf-8 -*-

numero = 0b1001

print numero
# El número 1001 en binario es equivalente al 9 en base decimal
```

Salida del programa:

```
9
```

Del mismo modo, para indicar un número en base hexadecimal (base 16), le antepondremos 0x, de esta forma:

```
#!/usr/bin/python
# -*- coding: utf-8 -*-

numero = 0xB16A

print numero
# El número 0xB16A be base octal equivale al 45418 en base
decimal
```

Salida del programa:

```
45418
```

De nuevo, como en los casos anteriores, si hacemos un `print numero`, mostrará 45418, que es el mismo en base decimal.

Python también nos permite usar notación científica. La notación científica es especialmente útil para números muy grandes, muy pequeños o con largas expansiones decimales, y se usa añadiendo una letra "e" tras el número seguida de la potencia de 10 que queramos indicar. Por ejemplo:

```
#!/usr/bin/python
# -*- coding: utf-8 -*-

numero = 12e5
```

```
print numero
# equivale a 12 X 10^5 = 1200000

otro_numero = 4567e7

print otro_numero
# equivale a 4567 X 10^7 = 45670000000
```

Salida del programa:

```
1200000.0
45670000000.0
```

5.2.6 Valores booleanos (bool)

El tipo *booleano* sirve para mostrar valores lógicos. Solo puede tener dos valores, *Verdadero* o *Falso*, que en Python se indican mediante las palabras `True` y `False`. Veremos los valores lógicos y su uso con más detenimiento más adelante.

```
#!/usr/bin/python
# -*- coding: utf-8 -*-

valor_verdadero = True

Valor_falso = False
```

Ambos deben estar escritos en minúscula, con la primera letra en mayúscula.

> ### ⓘ NOTA
>
> Adicionalmente, en un entorno booleano, el valor None, el valor numérico cero, la cadena vacía, y otros contenedores de datos (como objetos, vectores, etc.) vacíos son interpretados como *False*.

5.2.7 Cadenas (str)

Los tipos vistos hasta ahora son todos numéricos, pero no son los únicos que hay. Probablemente, el tipo de dato que más usaremos sean las llamadas *cadenas*.

Una cadena es un trozo de texto (también puede contener números y todo tipo de caracteres, claro, pero serán tratados como texto).

Indicamos una cadena encerrándola entre comillas simples (') o dobles ("):

```
#!/usr/bin/python
# -*- coding: utf-8 -*-


una_cadena = "Hola mundo"


otra_cadena = 'Hola de nuevo'
```

Si nuestra cadena contiene saltos de línea Python dará un aviso de error ya que, por defecto, una instrucción no puede ocupar más de una línea. Podemos usar tres comillas seguidas, tanto simples (''') como dobles (""") para acotar una cadena de varias líneas:

```
#!/usr/bin/python
# -*- coding: utf-8 -*-


cadena = """Esta cadena ocupa más de una línea.
y más de dos
por eso le ponemos triples comillas."""
```

Da completamente igual usar comillas simples o dobles. Lógicamente, para evitar problemas, si tratamos de guardar un texto que ya contenga comillas dentro de una cadena, debemos usar unas comillas distintas a las que ya use ese texto:

```
#!/usr/bin/python
# -*- coding: utf-8 -*-


cadena_con_comillas = 'el signo "comillas" (") se usa en
Python para acotar cadenas'
```

También se puede hacer que Python no trate de interpretar las comillas anteponiéndoles el carácter de barra invertida (\) de este modo:

```
#!/usr/bin/python
# -*- coding: utf-8 -*-


cadena_con_comillas = "el signo \"comillas\" (\") se usa en
Python para acotar cadenas de texto"
```

A esto se le llama *escapar* un carácter (en este caso las comillas) y no es el único caso en que tendremos que hacerlo. En general, cualquier carácter que tenga algún significado especial para Python puede ser *escapado* de este modo para evitar que sea interpretado.

Algunos caracteres precedidos de una barra invertida tienen un significado especial. Por ejemplo, el símbolo "\n" representa una nueva línea (hace que la línea termine en ese punto y continúa escribiendo en la siguiente) y el signo "\t" representa un tabulador.

En particular, el propio carácter "\" puede ser escapado anteponiéndole otra barra "\\".

Código	Significado
\\	Barra invertida (\)
\'	Comilla simple (')
\"	Comilla doble (")
\a	Campana (BEL)
\b	Retroceso (BS)
\f	Salto de página (FF)
\n	Nueva línea (LF)
\r	Retorno de carro (CR)
\t	Tabulador (TAB)
\v	Tabulador vertical Tab (VT)

```
#!/usr/bin/python
# -*- coding: utf-8 -*-

cadena = "Esto va en una línea.\ny esto en la siguiente."

print cadena
```

Salida del programa:

```
Esto va en una línea.
y esto en la siguiente.
```

A veces tenemos una cadena en la que no queremos que se interprete ningún carácter especial. Para ello podemos usar el carácter "r" antepuesto a la cadena (justo antes de abrir las comillas) de este modo:

```
#!/usr/bin/python
# -*- coding: utf-8 -*-
```

```
cadena_raw = r"los signos como \n y \t no serán interpretados
y se mostrarán tal y como están"
```

Otro modificador interesante es el carácter "u", con el que le decimos a Python que esa cadena debe ser tratada como Unicode, y puede contener cosas como acentos y caracteres que no aparecen en ASCII.

```
#!/usr/bin/python
# -*- coding: utf-8 -*-

cadena_unicode = u"Texto de la cadena"
```

5.2.8 None

Un tipo especial de Python es None, que indica la ausencia de valor. No es lo mismo una variable que contiene una cadena vacía ("") o el número cero, que una variable que no contiene ningún valor. None se usa para representar esa ausencia de valor.

Python pone a nuestra disposición la función type() para averiguar el tipo de una variable o de un literal:

```
#!/usr/bin/python
# -*- coding: utf-8 -*-

texto = "Hola Mundo"

entero = 21

print type(texto)
# Tipo str

print type("Hola")
# Tipo str

print type(14.5)
# Tipo float

print type(entero)
# Tipo int

print type(18L)
# Tipo long
```

```
print type(True)
# Tipo bool
```

Salida del programa:

```
<type 'str'>
<type 'str'>
<type 'float'>
<type 'int'>
<type 'long'>
<type 'bool'>
```

5.2.9 Manipular tipos de datos

Python dispone de algunas funciones que nos pueden servir para transformar datos de un tipo a otro.

Por ejemplo, la función int(numero) toma un número (o una cadena que contenga un número) y retorna un entero:

```
#!/usr/bin/python
# -*- coding: utf-8 -*-

texto = "10"

decimal = 21.15

un_entero = int(texto)

print type(texto)

print type(decimal)

print type(un_entero)

print type(int(decimal))
```

Salida del programa:

```
<type 'str'>
<type 'float'>
<type 'int'>
<type 'int'>
```

De modo similar, `long(numero)` toma un número (o una cadena que contenga un número) y retorna un entero largo:

```
#!/usr/bin/python
# -*- coding: utf-8 -*-

corto = 10

largo = long(corto)

print type(corto)

print type(largo)
```

Salida del programa:

```
<type 'int'>
<type 'long'>
```

Para convertir un número en otro en coma flotante, se usa la función `float(numero)`:

```
#!/usr/bin/python
# -*- coding: utf-8 -*-

flotante = float(4)

print flotante

print type(flotante)
```

Salida del programa:

```
4.0
<type 'float'>
```

Por otro lado, para obtener una cadena a partir de otros valores, tenemos la función `str(x)`:

```
#!/usr/bin/python
# -*- coding: utf-8 -*-

entero = 5

decimal = 21.15
```

```
cadena_entero = str(entero)

cadena_decimal = str(decimal)

print type(cadena_entero)

print type(cadena_decimal)
```

Salida del programa:

```
<type 'str'>
<type 'str'>
```

De un modo parecido, las funciones hex(x) y oct(x) toman un valor entero y retornan una cadena. En el primer caso con la representación hexadecimal de ese número, y en el segundo con la representación octal:

```
#!/usr/bin/python
# -*- coding: utf-8 -*-

entero = 500

hexadecimal = hex(entero)

octal = oct(entero)

print hexadecimal

print octal
```

Salida del programa:

```
0x1f4
0764
```

5.3 OPERADORES

Un operador es un elemento del lenguaje que representa una acción sobre los datos, como una suma o una concatenación. A los elementos sobre los que se aplica el operador (como los números de una suma, por ejemplo) se les llama *operandos*.

5.3.1 Operadores matemáticos

Los operadores matemáticos se aplican a valores numéricos, consignan las operaciones matemáticas básicas y son los siguientes:

- + (suma)
- - (resta)
- * (multiplicación)
- / (división)
- ** (exponente)
- // (división entera)
- % (módulo)

Como hemos visto antes, el operador suma (+) hace exactamente eso, sumar dos números. El operador resta (-) sustrae uno del otro, y la multiplicación (*) y división (/), como era de esperar, multiplican y dividen respectivamente. El exponente (**) eleva el primer número a la potencia indicada en el segundo.

```
#!/usr/bin/python
# -*- coding: utf-8 -*-

primer_numero = 10

segundo_numero = 5

suma = primer_numero + segundo_numero
# 15

resta = primer_numero - segundo_numero
# 5

multiplicacion = primer_numero * segundo_numero
# 50

division = primer_numero / segundo_numero
# 2

potencia = primer_numero ** segundo_numero
# 100000
```

Las operaciones división entera y módulo probablemente necesiten una explicación más detallada.

La división entera es el resultado de una división del que descartamos la parte decimal. O dicho de otro modo, una división redondeada hacia abajo. El resultado, por ejemplo, de 7 // 2 será 3, porque siete dividido (sin decimales) entre dos es tres y nos sobra uno (que la división entera ignora).

El módulo es la operación complementaria a la anterior, es el resto de una división, lo que sobra de dividir dos números sin usar decimales. Por ejemplo: el resultado de 7 % 2 sería 1, porque siete dividido (sin decimales) entre dos es tres y nos sobra uno, que es el módulo.

```python
#!/usr/bin/python
# -*- coding: utf-8 -*-

primer_numero = 10

segundo_numero = 3

division_entera = primer_numero // segundo_numero
# 3

modulo = primer_numero % segundo_numero
# 1
```

Para todos estos operadores existe una versión con asignación, cuyo símbolo es el mismo pero seguido de un signo igual (=):

- += (suma con asignación)
- -= (resta con asignación)
- *= (multiplicación con asignación)
- /= (división con asignación)
- **= (exponente con asignación)
- //= (división entera con asignación)
- %= (módulo con asignación)

Su funcionamiento es el mismo que el del operador original, pero asignando el valor resultante de la operación a la primera variable. Se trata de una especie de taquigrafía que nos evita tener que poner cosas como primer_numero = primer_numero + segundo_numero:

```python
#!/usr/bin/python
# -*- coding: utf-8 -*-

primer_numero = 10

segundo_numero = 5
```

```
primer_numero += segundo_numero

print primer_numero
# Ahora primer_numero vale 15

primer_numero -= segundo_numero

print primer_numero
# Ahora primer_numero vale 5

primer_numero *= segundo_numero

print primer_numero
# Ahora primer_numero vale 50
```

Salida del programa:

```
15
10
50
```

Todos los operadores aritméticos operan sobre números y retornan un valor numérico. El tipo concreto de dato retornado dependerá del tipo o tipos usados en la operación.

Si los tipos de número usados en una operación aritmética son iguales, el resultado de esta tendrá ese mismo tipo. Si los tipos usados son diferentes, Python usará el tipo que contenga más información. Por ejemplo, si sumamos un int y un float el resultado será otro float, para no perder los decimales.

5.3.2 Operadores de comparación

Los operadores de comparación sirven para comparar números, cadenas, objetos y, en general, cualquier cosa en Python. Devuelven siempre un valor lógico (True si se cumple la condición o False si no se cumple) y son los siguientes:

- == (igualdad)
- != (desigualdad)
- <> (desigualdad)
- > (mayor que)
- < (menor que)
- >= (mayor o igual que)
- <= (menor o igual que)

La igualdad (==) se cumplirá (y retornará `True`) si las dos cosas a comparar son iguales. La desigualdad (que se puede representar con los signos `!=` y `<>`, totalmente equivalentes) hace la operación contraria, y devuelve `True` si los operandos son distintos y `False` si son iguales.

El operador "mayor que" `>` devuelve `True` si el operando de la izquierda es mayor que el de la derecha; y "menor que" `<` hace justo lo contrario.

Los operadores "mayor o igual que" `>=` y "menor o igual que" `<=` son muy parecidos a los anteriores, con la salvedad de que estos últimos retornan `True` también si ambos operandos son iguales.

```
#!/usr/bin/python
# -*- coding: utf-8 -*-

numero = 7

texto = "Hola Mundo"

print 3 == 2

print 3 > 2

print texto == "Hola Mundo"

print 7 >= 6
```

Salida del programa:

```
False
True
True
True
```

5.3.3 Operadores de cadena

Los operadores de cadena son:

- ▼ + (concatenación)
- ▼ * (multiplicación)

La concatenación `+` une dos cadenas, una a continuación de la otra, para formar una nueva.

La multiplicación * permite multiplicar una cadena por un número, para formar una nueva cadena, resultante de repetir la cadena original tantas veces como el número indicado.

```python
#!/usr/bin/python
# -*- coding: utf-8 -*-

saludo = "Hola " + "Mundo"

gallina = 4 * "Co"

print saludo

print gallina
```

Salida del programa:

```
Hola Mundo
CoCoCoCo
```

Al igual que los operadores numéricos, las cadenas también disponen de operadores con asignación:

```python
#!/usr/bin/python
# -*- coding: utf-8 -*-

saludo = "Hola "

gallina = "Co"

saludo += "Mundo"

gallina *= 4

print saludo
# Muestra "Hola Mundo"

print gallina
# Muestra CoCoCoCo
```

Salida del programa:

```
Hola Mundo
CoCoCoCo
```

5.3.4 Operadores lógicos

Son aquellos que nos sirven para efectuar operaciones con valores lógicos, y retornan siempre un valor *booleano* `True` o `False`. Son las operaciones:

▾ `and` (y lógica)
▾ `or` (o lógica)
▾ `not` (negación)

El operador `and` equivale a la conjunción "y lógica", y retorna un valor `True` solo si ambos operandos son también `True`.

Tabla del operador `and`:

Primer operando	Segundo operando	Resultado
True	True	True
True	False	False
False	True	False
False	False	False

El operador lógico `or` equivale a la conjunción "o lógica", y retorna un valor `True` siempre que no sean falsos ambos operandos.

Tabla del operador `or`:

Primer operando	Segundo operando	Resultado
True	True	True
True	False	True
False	True	True
False	False	False

Al contrario que los dos anteriores, el operador `not` se aplica sobre un solo operando, e invierte el valor lógico de este. Si el operando es `True` devolverá `False`, y viceversa.

Tabla del operador `not`:

Operando	Resultado
True	False
False	True

```
#!/usr/bin/python
# -*- coding: utf-8 -*-

resultado = 3 == 2

print resultado
# 3 no es igual a 2, por lo que es falso

print True and True
# algo que es "cierto y cierto" es cierto

print True and resultado
# algo que es "cierto y falso" es falso

print not True
# "no cierto" es falso

print False or resultado
# algo que es "falso o falso" es falso
```

Salida del programa:

```
False
True
False
False
False
```

5.3.5 Operadores de identidad

Un caso especial son los operadores de identidad is y is not.

Ambos sirven para comparar elementos. El operador is devuelve True si ambos elementos comparados son el mismo objeto (poseen la misma id), y False si no lo son (tienen id distintas). El operador is not hace justo lo opuesto.

Más adelante entraremos en detalles sobre esto.

```
#!/usr/bin/python
# -*- coding: utf-8 -*-

variable1 = 5

variable2 = 5.0

print variable1 is variable2
```

Salida del programa:

```
False
```

5.3.6 Operadores de pertenencia

Los operadores de pertenencia `in` y `not in` sirven para indicar si un elemento pertenece o no a una *secuencia* (las secuencias son estructuras de datos que veremos un poco más adelante). El operador `in` retorna un valor `True` si el elemento indicado a la izquierda del operador está en la *secuencia* indicada a la derecha del operador. El operador `not in` hace lo contrario, y da `True` si el elemento **no** está en la secuencia y `False` si lo está.

```
#!/usr/bin/python
# -*- coding: utf-8 -*-

lista = ["silla","mesa","armario","taburete"]

print "silla" in lista
# Mostrará "True", porque "silla" está en la lista

print "sofá" in lista
# Mostrará "False", porque "sofá" no está en la lista

print "mesa" not in lista
# Mostrará "False", porque "mesa" está en la lista
```

Salida del programa:

```
True
False
False
```

5.3.7 Operadores binarios

Los operadores binarios son bastante poco usados en la práctica, y sirven para operar sobre las representaciones binarias de los valores numéricos. Los operadores binarios de Python son los siguientes:

- ▶ `&` (AND)
- ▶ `|` (OR)
- ▶ `^` (XOR)
- ▶ `~` (complemento a uno)
- ▶ `<<` (desplazamiento lógico a la izquierda)
- ▶ `>>` (desplazamiento lógico a la derecha)

El operador AND binario & compara las representaciones binarias de los números proporcionados, y devuelve un número que tiene unos en las posiciones donde alguno de los operandos tiene un uno, y ceros en las posiciones donde ninguno de ellos tiene un uno:

Primer operando	(11)	1	0	1	1
Segundo operando	(5)	0	1	0	1
Resultado de AND (&)	(1)	0	0	0	1

```
#!/usr/bin/python
# -*- coding: utf-8 -*-

numero1 = 0b1011
numero2 = 0b101

print numero1
# 11

print numero2
# 5

print numero1 & numero2
# Muestra 1
```

Salida del programa:

```
11
5
1
```

El operador OR binario | retorna un número tal que su representación binaria contenga un uno si al menos uno de los operandos tiene un uno en esa posición, y un cero si ambos tienen un cero en ella:

Primer operando	(9)	1	0	0	1
Segundo operando	(12)	1	1	0	0
Resultado de OR (|)	(13)	1	1	0	1

```
#!/usr/bin/python
# -*- coding: utf-8 -*-
```

```
numero1 = 0b1001
numero2 = 0b1100

print numero1
# 9

print numero2
# 12

print numero1 | numero2
# Muestra 13
```

Salida del programa:

```
9
12
13
```

El operador XOR binario ^ retorna un número tal que su representación binaria contenga un cero si los operandos tienen distinto número en esa posición, y un uno si ambos comparten el mismo número en ella:

Primer operando	(9)	1	0	0	1
Segundo operando	(12)	1	1	0	0
Resultado de XOR (^)	(5)	0	1	0	1

```
#!/usr/bin/python
# -*- coding: utf-8 -*-

numero1 = 0b1001
numero2 = 0b1100

print numero1
# 9

print numero2
# 12

print numero1 ^ numero2
# Muestra 5
```

Salida del programa:

```
9
12
5
```

El "desplazamiento lógico a la derecha" mueve los bits del operando de la izquierda tantos espacios como indique el operando de la derecha. Los bits menores que el primero son descartados.

El "desplazamiento a la izquierda" desplaza los bits del operando de la izquierda tantos espacios como indique el operando de la derecha. El espacio que deja este desplazamiento se rellena con ceros.

La operación "complemento a uno" actúa sobre la representación binaria de un número, y retorna otro número en el que los unos del original han sido reemplazados por ceros, y los ceros por unos.

> 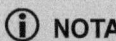 **NOTA**
>
> Dado que Python usa el complemento a dos para indicar los números negativos, hacerle el complemento a uno a un número es equivalente a sumarle uno y poner el resultado en negativo.

5.4 PRECEDENCIA ENTRE OPERADORES

En Python las expresiones se evalúan normalmente de izquierda a derecha. La excepción son las asignaciones ya que, lógicamente, la parte derecha de una asignación debe resolverse antes de hacer dicha asignación. Dentro de cada expresión, se evalúan las operaciones según la siguiente lista, de arriba abajo:

** (potencia)
~ (complemento a uno)
* (multiplicación), / (división), // (división entera), % (módulo)
+ (suma), - (resta)
<< (desplazamiento lógico a la izquierda), >> (desplazamiento lógico a la derecha)
& (AND binario)
^ (XOR binario)
(OR binario)
> (mayor que), < (menor que), >= (mayor o igual que), <= (menor o igual que), == (igualdad), != y <> (desigualdad), "is" y "not is" (operadores de identidad) "in" y "not in" (operadores de pertenencia)
"not" (negación)
"and" (y lógica)
"or" (o lógica)

Naturalmente, se puede usar paréntesis para cambiar el orden de las operaciones:

```
#!/usr/bin/python
# -*- coding: utf-8 -*-

resultado = 5 + 4 * 7

resultado2 = (5 + 4) * 7

print resultado
# Mostrará 33

print resultado2
# Mostrará 63
```

Salida del programa:

```
33
63
```

5.5 SECUENCIAS Y ESTRUCTURAS DE DATOS

Las variables que hemos visto hasta ahora pueden contener un dato simple, como un número o una cadena de texto. Pero a menudo necesitaremos usar estructuras de datos más sofisticadas.

Si una variable puede ser considerada como un contenedor donde almacenamos un elemento (más tarde veremos que esto no es exacto), las secuencias son colecciones o conjuntos de estos elementos.

5.5.1 Listas

Una lista (también conocidas como *vectores* o *arrays*) es una variable que, en lugar de contener un valor, contiene una secuencia ordenada de estos, a los que se puede acceder por su índice o posición.

Se declaran indicando sus elementos, separados por comas, entre corchetes ([]):

```
#!/usr/bin/python
# -*- coding: utf-8 -*-
```

```
lista = ["primero", "segundo", "tercero", "cuarto"]

print lista
```

Salida del programa:

```
['primero', 'segundo', 'tercero', 'cuarto']
```

Si es necesario, se puede crear una lista vacía usando unos corchetes sin ningún elemento en su interior.

```
#!/usr/bin/python
# -*- coding: utf-8 -*-
lista = []
# Esto creará una lista vacía
```

Una lista también se puede crear explícitamente, con la función `list()`:

```
#!/usr/bin/python
# -*- coding: utf-8 -*-

lista = list(("Hola","mundo","palabra"))

print lista
```

Salida del programa:

```
['Hola', 'mundo', 'palabra']
```

Para acceder a un elemento de la lista, ya sea para leerlo o para modificarlo, es necesario indicar entre corchetes el índice (la posición) de ese elemento, teniendo en cuenta que se comienza a contar desde cero, por lo que el primero es el 0, el segundo es el 1, etc.

```
#!/usr/bin/python
# -*- coding: utf-8 -*

lista = ["primero", "segundo", "tercero", "cuarto"]

print lista[2]
# Mostrará "tercero"

lista[2] = "Nuevo Elemento"

print lista[2]
# Ahora mostrará "Nuevo Elemento"
```

Salida del programa:

Para eliminar un elemento de una lista se usa la instrucción `del`, de este modo:

```
#!/usr/bin/python
# -*- coding: utf-8 -*-

lista = ["primero", "segundo", "tercero", "cuarto"]

print lista

del lista[2]

print lista
```

Salida del programa:

```
['primero', 'segundo', 'tercero', 'cuarto']
['primero', 'segundo', 'cuarto']
```

Una lista puede contener datos de todo tipo, lo que incluye cadenas, números y hasta otras listas. Además, dentro de una lista se puede mezclar tipos de datos.

Para acceder al contenido de una lista dentro de otra, se pone un índice a continuación del otro: primero el de la lista inicial, seguido de la lista contenida en esta:

```
#!/usr/bin/python
# -*- coding: utf-8 -*-

lista = [[1, 2, 3], ["a", "b", "c"]]

print lista[1][0]
# Imprimirá "a"

print lista[0][2]
# Imprimirá "3"
```

Salida del programa:

```
a
3
```

Naturalmente, es posible anidar listas dentro de otras con tantos niveles de profundidad como sea necesario.

```
#!/usr/bin/python
# -*- coding: utf-8 -*-

lista = ["primero", 2, "tercero", ["a", "b", "c"]]

print lista[2]

print lista[3][0]
```

Salida del programa:

```
tercero
a
```

Se puede acceder a los elementos de una lista en sentido inverso (de atrás adelante) indicando el índice como un número negativo. [-1] indicará el último elemento, [-2] el penúltimo, etc.

También se puede acceder a un fragmento de la lista original usando el signo dos puntos (:) para indicar dos números, del modo lista[numero:numero]. Esto retornará una sección de la lista comenzando por el primer número indicado y terminando por el *número anterior* al segundo indicado. A esta forma de extraer sublistas se la conoce como *slicing* (rebanado).

Si se omite el primer número, la lista resultante comenzará al principio de la lista original. Si se omite el segundo, el final de la lista resultante coincidirá con el final de la lista original. Si se omiten ambos, el resultado será una copia de la cadena original.

```
#!/usr/bin/python
# -*- coding: utf-8 -*-

lista = ["primero", "segundo", "tercero", "cuarto", "quinto",
"sexto"]

lista2 = lista[1:4]

print lista2
# Mostrará "['segundo', 'tercero', 'cuarto']"

lista2[0:2] = ["otro", "Y otro"]

print lista2
# Mostrará "['otro', 'Y otro', 'cuarto']"
```

```
['segundo', 'tercero', 'cuarto']
['otro', 'Y otro', 'cuarto']
```

Por último, se puede añadir un tercer número, también separado por dos puntos (:), para que no nos retorne todos los números del rango indicado, sino que devuelva uno de cada dos, de cada tres, o el número que le indiquemos.

```
#!/usr/bin/python
# -*- coding: utf-8 -*-

lista = [1,2,3,4,5,6,7,8,9,10,11,12,13,14,15,16,17]

print lista[2:15]
# Mostrará "[3, 4, 5, 6, 7, 8, 9, 10, 11, 12, 13, 14, 15]"

print lista[2:15:2]
# Mostrará "[3, 5, 7, 9, 11, 13, 15]"

print lista[2:15:3]
# Mostrará "[3, 6, 9, 12, 15]"
```

```
[3, 4, 5, 6, 7, 8, 9, 10, 11, 12, 13, 14, 15]
[3, 5, 7, 9, 11, 13, 15]
[3, 6, 9, 12, 15]
```

5.5.2 Tuplas

Una tupla es similar a una lista, con la salvedad de que no puede modificarse. Una vez que se crean no se les puede añadir, quitar ni cambiar elementos. Decimos que las tuplas son objetos *inmutables*, mientras que las listas son objetos *mutables*. Más adelante, en este mismo capítulo, veremos algo más sobre las diferencias entre objetos mutables e inmutables.

Las tuplas se declaran simplemente separando con comas los elementos que las componen:

```
#!/usr/bin/python
# -*- coding: utf-8 -*-

tupla = "primero", "segundo", "tercero", "cuarto", "quinto",
"sexto"
```

```
print tupla

# Mostrará "('primero', 'segundo', 'tercero', 'cuarto',
'quinto', 'sexto')"
```

Salida del programa:

```
('primero', 'segundo', 'tercero', 'cuarto', 'quinto', 'sexto')
```

Para distinguir una tupla constituida por un solo elemento de una variable, se debe poner una coma detrás de ese elemento:

```
#!/usr/bin/python
# -*- coding: utf-8 -*-

variable = 5

tupla = 5,

print variable
# Mostrará "5"

print tupla
# Mostrará "(5,)"
```

Salida del programa:

```
5
(5,)
```

Al imprimir las tuplas, Python las muestra entre paréntesis. Los paréntesis se usan en Python para agrupar operaciones y es posible declarar una tupla entre paréntesis. De hecho, es una costumbre muy recomendable, ya que permite reconocer las tuplas de un vistazo y hace el código más legible.

```
#!/usr/bin/python
# -*- coding: utf-8 -*-

tupla = ("primero", "segundo", "tercero", "cuarto", "quinto",
"sexto")

print tupla
# Mostrará "('primero', 'segundo', 'tercero', 'cuarto',
'quinto', 'sexto')"
```

Salida del programa:

```
('primero', 'segundo', 'tercero', 'cuarto', 'quinto', 'sexto')
```

De manera similar al caso de las listas, se puede iniciar una tupla vacía usando paréntesis del modo `tupla = ()`.

Para acceder a los elementos de una tupla se hace exactamente igual que con las listas (con la salvedad ya mencionada de que no pueden modificarse), usando corchetes.

```
#!/usr/bin/python
# -*- coding: utf-8 -*-

tupla = ("primero", 2, True, "Otro")

print tupla[2]
# Mostrará "True"

print tupla[1:3]
# Mostrará "(2, True)"
```

Salida del programa:

```
True
(2, True)
```

5.5.3 Cadenas como secuencias

Un aspecto interesante de Python es que las cadenas se pueden comportar como una lista de caracteres (o, como veremos, más bien como una *tupla* de caracteres), por lo que se puede acceder a sus caracteres como si de elementos de lista se tratara.

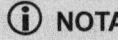 **NOTA**

De hecho, para Python, las cadenas son secuencias de caracteres.

Naturalmente, también se puede hacer *slicing* para extraer caracteres o grupos de caracteres, usando la misma notación que hemos visto para tuplas y listas.

```
#!/usr/bin/python
# -*- coding: utf-8 -*-

cadena = "Hola mundo"

print cadena[1]
# Mostrará "o"

print cadena[2:7]
# Mostrará "la mu"
```

Salida del programa:

```
o
la mu
```

Al igual que en el caso de las tuplas, las cadenas son *inmutables*, y el *slicing* se puede usar solo para leer y no para introducir caracteres, por lo que no se puede modificar la cadena de este modo.

Existen también otros dos tipos de conjuntos de datos, los *diccionarios* y los *sets* que no son secuencias, pero que tienen algunas características comunes con estas.

5.5.4 Diccionarios

Un diccionario es un conjunto de valores emparejados. En cierto modo un diccionario es parecido a una lista, con la diferencia de que los índices no tienen porqué ser numéricos sino que, además, pueden ser cadenas (lo más habitual), tuplas o una mezcla de ellos.

Al definir un diccionario, los valores de cada par se separan entre ellos con dos puntos (:), y de los otros pares por comas (,). El conjunto debe estar acotado por llaves ({}).

Para acceder a un valor concreto, se pone el nombre del diccionario seguido del índice entre corchetes ([]) como hemos hecho con las listas, con la salvedad de que aquí ese índice no tiene porqué ser un número. Del mismo modo se puede agregar un nuevo par de valores o actualizar uno existente:

```
#!/usr/bin/python
# -*- coding: utf-8 -*-

diccionario = {"animal": "gato", "cosa": "piedra", "planta":
"lechuga"}
```

```
print diccionario
# Mostrará {'planta': 'lechuga', 'cosa': 'piedra', 'animal':
'gato'}

print diccionario["animal"]
# Mostrará "gato"

print diccionario["planta"]
# Mostrará "lechuga"

diccionario["planta"] = "coliflor"

print diccionario["planta"]
# Ahora mostrará "coliflor"
```

Salida del programa:

```
{'planta': 'lechuga', 'cosa': 'piedra', 'animal': 'gato'}
gato
lechuga
coliflor
```

Para crear un diccionario vacío se puede usar llaves vacías: `diccionario`
`= {}`.

Los diccionarios también se pueden crear explícitamente usando la función
dict():

```
#!/usr/bin/python
# -*- coding: utf-8 -*-

diccionario = dict(animal="perro", planta="tomate")

print diccionario
```

Salida del programa:

```
{'planta': 'tomate', 'animal': 'perro'}
```

Un diccionario puede contener cualquier tipo de dato (incluidas listas u otros diccionarios), pero las claves de un diccionario deben ser objetos *inmutables* (ver más abajo). Dado que son la referencia para identificar cada elemento, las claves de un diccionario no pueden repetirse. Si se crea un diccionario con claves repetidas, la última siempre reemplazará a cualquiera anterior:

```
#!/usr/bin/python
# -*- coding: utf-8 -*-

diccionario = {"Nombre": "Clark Kent", "Nombre": "Superman",
"Ciudad": "Metropolis"}

print diccionario
# Mostrará {'Nombre': 'Superman', 'Ciudad': 'Metropolis'}
```

Salida del programa:

```
{'Nombre': 'Superman', 'Ciudad': 'Metropolis'}
```

5.5.5 Sets

Un *set* o conjunto es una colección no ordenada de objetos. No posee un índice como las listas o los diccionarios, y no puede contener objetos repetidos.

Se declara usando llaves ({}) como un diccionario pero, dado que no tiene pares clave-valor, simplemente se separan sus elementos por comas.

Un *set* también puede declararse explícitamente usando la función set().

```
#!/usr/bin/python
# -*- coding: utf-8 -*-

cubiertos = {"tenedor","cuchara","cuchillo", "cucharilla"}

vajilla = set(["plato","taza","copa"])

print cubiertos
# Mostrará "set(['cucharilla', 'tenedor', 'cuchillo', 'cucha-
ra'])"

print vajilla
# Mostrará "set(['taza', 'plato', 'copa'])"
```

Salida del programa:

```
set(['cucharilla', 'tenedor', 'cuchillo', 'cuchara'])
set(['taza', 'plato', 'copa'])
```

No se puede crear un *set* vacío usando llaves porque se crearía un diccionario. Para crearlo es necesario hacerlo explícitamente, simplemente con `conjunto = set()`. Un *set* no puede contener valores *mutables* (ver más abajo).

5.6 MUTABLE E INMUTABLE

El funcionamiento interno de las variables en Python es algo diferente al de otros lenguajes.

En Python, una variable es una *referencia* a un dato. Es decir, es como si fuera una etiqueta que está enlazada a ese dato. El dato en sí tiene su propio nombre interno asignado por Python y que es accesible con la función `id()`.

Cuando copiamos una variable en Python, lo que hacemos es crear una nueva etiqueta apuntando a ese mismo dato. Es decir, en realidad se trata de la misma variable con dos nombres distintos.

```
#!/usr/bin/python
# -*- coding: utf-8 -*-

variable1 = "Hola"

variable2 = variable1

variable3 = "Adiós"

print id(variable1)

print id(variable2)
# la id de variable1 y variable2 serán la misma

print id(variable3)
# la id de variable3 es distinta
```

Salida del programa:

```
140694944690896
140694944690896
140694944691040
```

Python lo hace así porque es muy eficiente en términos de memoria y velocidad: Es mucho más rápido y económico crear una referencia que copiar el contenido de la variable.

Si posteriormente modificamos el contenido de la variable, lo que en realidad hace Python internamente es crear otra nueva (con un nuevo id) y hacer que el nombre que habíamos asignado a la original ahora apunte a ella.

Simple y elegante.

Lo que hemos dicho es cierto para los números, los valores lógicos, las cadenas y las tuplas. En Python decimos de estos tipos de datos que son *inmutables*.

Sin embargo, las listas, los *sets* y los diccionarios son *mutables*: sí que pueden modificarse realmente sin que cambie su id. Es decir, que podemos agregar, quitar o modificar sus elementos sin que Python tenga que reescribir toda la lista o diccionario. Python no crea una lista nueva cada vez que modificamos alguno de sus elementos.

```python
#!/usr/bin/python
# -*- coding: utf-8 -*-

lista = ["Hola","mundo","palabra"]

print id(lista)

lista[2] = "cosa"

print id(lista)
# El id no ha cambiado
```

Salida del programa:

```
139828317300208
139828317300208
```

Este comportamiento de los tipos mutables (que pueden ser modificados sin que cambie su referencia) tiene una consecuencia inesperada.

Ya hemos visto que, si hacemos una copia de un elemento inmutable, esto no afecta al original (y viceversa) porque, en realidad, estamos creando un nuevo objeto.

Pero si copiamos un elemento mutable (como, por ejemplo, una lista) y modificamos el original, esas modificaciones se mostrarán también en la copia. Igualmente, si modificamos la copia, también cambiará el original.

Esto ocurre porque, al ser un tipo mutable, no se crea uno nuevo como ocurre con los inmutables y, por tanto, no cambian las referencias y ambos objetos siguen siendo el mismo.

```
#!/usr/bin/python
# -*- coding: utf-8 -*-

lista = ["Hola","mundo","palabra"]

copia_de_lista = lista

lista[2] = "cosa"

print copia_de_lista[2]
# ¡imprimirá "cosa"!
```

Salida del programa:

```
cosa
```

Si necesitamos copiar una variable con un contenido de tipo mutable, como una lista o un diccionario, debemos hacerlo explícitamente:

```
#!/usr/bin/python
# -*- coding: utf-8 -*-

lista = ["Hola","mundo","palabra"]
lista2 = list(lista)

print id(lista)
print id(lista2)
# Los id son distintos

diccionario = {"nombre": "Pablo", "Apellido": "Hinojosa"}
diccionario2 = dict(diccionario)

print id(diccionario)
print id(diccionario2)
# Los id son distintos
```

Salida del programa:

```
140627068982768
140627069009504
140627069076936
140627069118736
```

5.7 ¿QUÉ HEMOS VISTO EN ESTE TEMA?

Las variables y los distintos tipos de datos que usa Python. Que Python es muy estricto con la forma en la que debemos usar los tipos de datos y que no podemos mezclarlos.

Hemos visto formas de usarlos con operadores y cómo convertir datos de un tipo en otro.

Hemos visto estructuras de datos más complejas, como las listas o los diccionarios, que pueden contener otros datos.

También hemos visto las peculiaridades del uso interno de las variables en Python, y las diferencias entre los objetos *mutables* e *inmutables*.

5.7.1 Tareas sugeridas

✓ A estas alturas deberíamos ser capaces de mejorar nuestros simples ejemplos de "Hola Mundo".

✓ Sería interesante practicar las conversiones de tipo de dato, en especial a cadena, porque es algo que acabaremos usando mucho.

✓ Un programa que haga un cálculo matemático con dos números contenidos en sendas variables, y muestre por pantalla un texto del tipo "El resultado de la operación es 14" debería ser ya algo fácil.

✓ Un programa que haga varias operaciones sobre variables y muestre el resultado de cada una de ellas usando cadenas también debería ser fácil.

✓ Lo mismo para otros tipos de datos distintos del numérico.

✓ Seguramente, cuando hagamos operaciones complejas con más de un operador necesitemos usar paréntesis para forzar la *precedencia* entre operaciones. No es mala idea practicarlo un poco ahora.

✓ Estos ejercicios se podrían combinar con el acceso a estructuras de datos, especialmente listas y diccionarios, porque es algo que seguramente usaremos mucho en el futuro.

✓ Agregar, quitar o modificar elementos en cualquiera de estas estructuras seguramente va a ser parte de muchos de nuestros programas posteriores, y deberíamos practicarlo bastante.

6

ESTRUCTURAS DE CONTROL

El flujo normal de un programa es, en principio, línea a línea y de arriba abajo. Primero se ejecuta la primera sentencia y después las siguientes, una a una, hasta terminar el programa.

Se puede poner más de una instrucción por línea separándolas por el signo punto y coma (;):

```
#!/usr/bin/python
# -*- coding: utf-8 -*-

print "Hola"; print "Y hola"; print "Y hola de nuevo"
```

```
Hola
Y hola
Y hola de nuevo
```

Ponerlas así tiene exactamente el mismo resultado que ponerlas una debajo de otra.

Pero es mejor no hacer esto a menos que contribuya a la legibilidad del código. Por la misma razón que, como ya hemos visto, las líneas en blanco son ignoradas por Python pero se deben usar para hacer el programa más fácil de leer.

Pero, como veremos más adelante en este capítulo, las sentencias pueden "anidarse". Es decir, pueden incluirse unas dentro de otras para hacer dependiente su ejecución. Esto se usa, según el caso, para repetir un grupo de instrucciones varias veces (en lo que se llama un bucle) o para condicionar la ejecución de una sentencia al resultado de otra.

En otros lenguajes de programación es habitual agrupar o anidar las sentencias por medio de símbolos como llaves o similares:

```
instrucción_principal {
  una_instrucción_anidada
  otra_instrucción_anidada
}
instrucción_independiente
```

En este ejemplo las sentencias que dependen de *instrucción_principal* están encerradas entre llaves. Además, se encuentran indentadas un nivel de tabulación (cuatro espacios, en nuestro caso), pero esta tabulación no es necesaria para el programa, sino que se pone deliberadamente para hacer más clara la lectura del programa a los seres humanos.

La sentencia *instrucción_independiente* se ejecuta normalmente después de las anteriores.

Python está diseñado para ser legible, y hace esto de forma más inteligente. En Python, el anidamiento de sentencias no se hace con llaves ni otros símbolos contenedores, sino por medio de la propia indentación. Las sentencias con un nivel de tabulación (digamos que un tabulador, ver más abajo) están contenidas en las que no están indentadas que les preceden; las sentencias con dos tabuladores están incluidas en las anteriores, etc.

```
instrucción_principal:
  una_instrucción_anidada
  otra_instrucción_anidada
instrucción_independiente
```

Se recomienda encarecidamente que no se use realmente el carácter tabulador (ASCII 09) para indentar, sino que se usen espacios. Lo aconsejable, según el manual de estilo de Python es usar cuatro espacios por cada nivel de indentado.

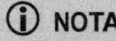

NOTA

Nunca debemos mezclar en un mismo programa indentados con espacios e indentados con tabulador.

6.1 SALTO CONDICIONAL IF

Como apuntábamos antes, un programa medianamente útil no puede limitarse a ser una sucesión de sentencias. Necesita reaccionar ante cambios en su "entorno", tomar decisiones, de modo que se efectúen distintas operaciones y se ejecuten distintas secciones del código en distintas circunstancias. Para ello existen las estructuras condicionales.

Las estructuras condicionales son constructos de software que se encargan de comparar valores (ya sea de variables, constantes, o casi cualquier cosa en Python) y, en función del resultado de esa comparación, ejecutar o no un determinado bloque de código.

La estructura básica para el control del flujo de un programa es el "si condicional" if, que permite la ejecución de un segmento de código dependiendo de las condiciones concretas y tiene el siguiente aspecto:

```
#!/usr/bin/python
# -*- coding: utf-8 -*-

if expresion_a_evaluar:
  ejecutar_si_cierto
```

La sentencia inicial (la correspondiente al if) debe ir seguida de dos puntos, y todas las que dependen de ella van indentadas un nivel. Cuando el flujo del programa llega a esa sentencia, la expresión que sigue a la orden if es evaluada y, si retorna un valor True, se ejecutan las expresiones del bloque que contiene.

Si la expresión que sigue al if devuelve un valor False, ese bloque no se ejecuta y el programa continúa por la primera instrucción que le siga.

Por ejemplo:

```
#!/usr/bin/python
# -*- coding: utf-8 -*-

variable = 7

if variable > 5:
  print "la variable es mayor que cinco"
  print "Qué cosa más notable"

print "esto se muestra siempre"
```

Salida del programa:

```
la variable es mayor que cinco
Qué cosa más notable
esto se muestra siempre
```

Si, en el ejemplo anterior, cambiamos el valor de `variable` por un número menor que cinco, las dos instrucciones dentro del bloque se ignorarán y solo se podrá ver el texto "esto se muestra siempre".

La sintaxis de Python no permite un `if` que no contenga instrucciones, por lo que el siguiente ejemplo dará error:

```python
#!/usr/bin/python
# -*- coding: utf-8 -*-

# Ejemplo de código erróneo

variable = 7

if variable > 5:
  # Este if está vacío y dará error

print "esto se muestra siempre"
```

Salida del programa:

```
File "test.py", line 11
  print "esto se muestra siempre"
      ^
IndentationError: expected an indented block
```

Si es necesario dejar una instrucción vacía como la del ejemplo, se puede usar la orden `pass` que, simplemente, no hace nada:

```python
#!/usr/bin/python
# -*- coding: utf-8 -*-

variable = 7

if variable > 5:
  pass
  # Este if, aunque no hace nada, ya no dará error

print "esto se muestra siempre"
```

Salida del programa:

```
esto se muestra siempre
```

Se puede usar la instrucción `else` para indicar las expresiones que se ejecutarán si la condición del `if` no se cumple:

```python
#!/usr/bin/python
# -*- coding: utf-8 -*-

variable = 2

if variable > 3:
  print "La variable es mayor que tres"
else:
  print "La variable no es mayor que tres"

print "Esto se muestra siempre"
```

Salida del programa:

```
La variable no es mayor que tres
Esto se muestra siempre
```

También se puede hacer construcciones más elaboradas gracias a la orden `elif` (que es una contracción de *else if*) y que nos permite añadir un bloque que se ejecutará si se cumple una condición y no se cumplen las anteriores:

```python
#!/usr/bin/python
# -*- coding: utf-8 -*-

variable = 2

if variable > 3:
  print "La variable es mayor que tres"
  print "No está mal"

elif variable < 3:
  print "La variable es menor que tres"
  print "Me parece poco"

else:
  print "La variable es tres"
  print "Justo tres, ni más ni menos"

print "Esto se muestra siempre"
```

Salida del programa:

```
La variable es menor que tres
Me parece poco
Esto se muestra siempre
```

En este ejemplo, se comprueba si el valor contenido en la variable `mi_variable` es mayor que tres y, si lo es, se imprime un texto diciéndolo. En caso de que no sea mayor que tres pero sí sea inferior a tres (lo que indicamos en el `elif`) mostramos otro texto y, si ninguna de esas condiciones es cierta, se ejecuta el bloque indicado por `else`, donde se dice que el valor es tres (porque, si un número no es mayor ni menor que tres, debe ser tres).

6.2 BUCLE WHILE

Un bucle (ciclo, *loop*) es un bloque de código que se ejecuta repetidas veces mientras se cumpla una condición determinada.

La instrucción `while` crea un bucle que se ejecutará mientras su condición sea cierta. Cuando la condición deje de ser cierta el curso del programa continuará normalmente. Si la condición es falsa desde el principio, ese bloque no se ejecutará (como si fuera un `if`).

La estructura de *while* es la siguiente:

```
while condicion: instrucción_a_ejecutar
Por ejemplo:
#!/usr/bin/python
# -*- coding: utf-8 -*-

a = 0

while a < 10:
  a = a + 1
  print a
```

Salida del programa:

```
1
2
3
4
5
6
```

```
7
8
9
10
```

Este ejemplo imprimirá el número contenido en la variable "a" y, después, incrementará el valor de este en uno, mientras ese valor sea menor de 10.

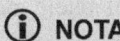 **NOTA**

¡Cuidado! Si la condición de un bucle nunca deja de ser cierta, el bucle no terminará nunca y el programa se bloqueará, entrando en lo que se llama un bucle infinito.

While, al igual que vimos en `if`, también permite una sentencia *else* que se ejecutará cuando la condición del bucle no sea cierta (es decir, fuera del bucle) de este modo:

```
#!/usr/bin/python
# -*- coding: utf-8 -*-

while condicion:
  instrucción_a_ejecutar
else:
  instrucción_fuera_del_bucle
```

En un bucle *while* también se puede usar la instrucción `break`, que corta el discurrir del bucle en ese punto y continúa la ejecución del *script* por la primera instrucción posterior al bucle. Si hubiese una cláusula `else`, esta tampoco se ejecutaría.

```
#!/usr/bin/python
# -*- coding: utf-8 -*-

a = 0

while a < 10:
  a = a + 1
  if a == 3:
    break
  print a
```

Salida del programa:

```
1
2
```

En este ejemplo hemos puesto un *if* anidado dentro del *while* que, cuando la variable "a" vale 3, provoca un *break*. Aunque el bucle está diseñado para llegar hasta 10, el *break* detiene el bucle y la variable nunca se incrementa hasta ese valor.

Una opción parecida es `continue`, que también interrumpe el bucle pero solo en el ciclo en el que se ejecuta, volviendo al principio del bloque.

```python
#!/usr/bin/python
# -*- coding: utf-8 -*-

a = 0

while a < 10:
    a = a + 1
    if a == 3:
        continue
    print a
```

Salida del programa:

```
1
2
4
5
6
7
8
9
10
```

En este ejemplo, que solo se diferencia del anterior por haber cambiado el `break` por un `continue`, el bucle se recorre entero imprimiendo los números del uno al diez, pero se omite el tres porque la orden `continue` evita que llegue a ejecutarse el `print`.

Naturalmente, puede anidarse bucles dentro de bucles para conseguir resultados más complejos.

Por ejemplo, el siguiente código imprimirá las tablas de multiplicar del tres al siete:

```python
#!/usr/bin/python
# -*- coding: utf-8 -*-

primero = 3

while primero <= 7:

    print "Tabla del " + str(primero)

    segundo = 1

    while segundo <= 10:

        print str(primero) + " X " + str(segundo) + " = " +
str(primero * segundo)

        segundo += 1

    primero += 1

print "################"
```

Salida del programa:

```
Tabla del 3
3 X 1 = 3
3 X 2 = 6
3 X 3 = 9
3 X 4 = 12
3 X 5 = 15
3 X 6 = 18
3 X 7 = 21
3 X 8 = 24
3 X 9 = 27
3 X 10 = 30
Tabla del 4
4 X 1 = 4
4 X 2 = 8
[Nos saltamos esto para ahorrar espacio]
6 X 10 = 60
Tabla del 7
7 X 4 = 28
7 X 5 = 35
7 X 6 = 42
7 X 7 = 49
7 X 8 = 56
7 X 9 = 63
7 X 10 = 70
```

6.3 BUCLE FOR

El bucle `for` de Python es bastante diferente del de otros lenguajes como C, y más parecido al bucle *foreach* de Perl. Se usa para recorrer listas, diccionarios y, en general, los objetos que en Python se denominan *iteradores*.

```
#!/usr/bin/python
# -*- coding: utf-8 -*-

lista = ["calcetín","pantalón", "camisa", "camiseta", "otro
calcetín", "gorra"]

for prenda in lista:

    print "La lavadora se ha comido mi " + prenda
```

Salida del programa:

```
La lavadora se ha comido mi calcetín
La lavadora se ha comido mi pantalón
La lavadora se ha comido mi camisa
La lavadora se ha comido mi camiseta
La lavadora se ha comido mi otro calcetín
La lavadora se ha comido mi gorra
```

Con cadenas:

```
#!/usr/bin/python
# -*- coding: utf-8 -*-

saludo = "Hola mundo"

for letra in saludo[:]:

    print letra
```

Salida del programa:

```
H
o
l
a

m
u
```

```
n
d
o
```

De un modo muy parecido, es posible usar `for` para recorrer un diccionario.

```
#!/usr/bin/python
# -*- coding: utf-8 -*-

datos = {"Nombre": "José", "Apellido": "Gonzalez", "Altura":
"1,80"}

for concepto in datos:

   print concepto
```

Salida del programa:

```
Nombre
Apellido
Altura
```

Como podemos ver en el ejemplo de arriba, el bucle que hemos escrito nos retorna cada una de las claves del diccionario, pero no sus valores.

Naturalmente, nada nos impide tomar el valor de cada elemento del diccionario a partir de su clave haciendo algo parecido a esto:

```
#!/usr/bin/python
# -*- coding: utf-8 -*-

datos = {"Nombre": "José", "Apellido": "Gonzalez", "Altura":
"1,80"}

for concepto in datos:

   print concepto + ": " + datos[concepto]
```

Salida del programa:

```
Nombre: José
Apellido: Gonzalez
Altura: 1,80
```

Pero Python nos permite simplificarlo, tomando tanto la clave como el valor de cada elemento en el mismo `for`, usando el método `iteritems()` de este modo:

```
#!/usr/bin/python
# -*- coding: utf-8 -*-

datos = {"Nombre": "José", "Apellido": "Gonzalez", "Altura":
"1,80"}

for concepto, valor in datos.iteritems():

  print concepto + ": " + valor
```

Salida del programa:

```
Nombre: José
Apellido: Gonzalez
Altura: 1,80
```

Podemos ver que, para recoger dos variables en cada ciclo del bucle for, las ponemos separadas por comas.

(i) **NOTA**

Veremos lo que es un "método" un poco más adelante, cuando hablemos de clases y objetos.

6.4 CONTROL DE EXCEPCIONES

Cosas como la clásica división por cero o el tratamiento de tipos de datos incompatibles (sumar cadenas, por ejemplo) provocarán errores en tiempo de ejecución (excepciones) que darán al traste con el programa.

Para facilitar el manejo de este tipo de cosas tenemos la estructura try.

Dicho de un modo simple, lo que hace *try* es ejecutar un bloque de sentencias en un "entorno controlado", para que el error generado (si se da) no detenga el programa, sino que se retorne de modo que pueda manejarse.

Veámoslo con un ejemplo. En el siguiente bloque:

```
#!/usr/bin/python
# -*- coding: utf-8 -*-
```

```
dividendo = 1
divisor = 0

resultado = dividendo/divisor
print "La división resulta: ", resultado

print "Hemos terminado"
```

Salida del programa:

```
Traceback (most recent call last):
 File "test.py", line 7, in <module>
   resultado = dividendo/divisor
ZeroDivisionError: integer division or modulo by zero
```

Como el divisor tiene el valor "0" el programa fallará estrepitosamente, dará un error y se interrumpirá en ese punto de su ejecución, con lo que el mensaje "Hemos terminado" (o cualquier cosa que nuestro programa hiciese a partir de ese punto) nunca llegará a ejecutarse. Para prevenir esa posibilidad se puede modificar así:

```
#!/usr/bin/python
# -*- coding: utf-8 -*-

dividendo = 1
divisor = 0

try:
  resultado = dividendo/divisor
  print "La división resulta: ", resultado
except:
  if divisor == 0:
    print "No puedes dividir por cero, animal"

print "Hemos terminado"
```

Salida del programa:

```
No puedes dividir por cero, animal
Hemos terminado
```

El bloque dentro de `try:` es ejecutado y, si retorna cualquier error, entonces ejecuta el bloque contenido en `except:` y continúa su ejecución. En caso de que no haya ningún error el programa se ejecuta correctamente ignorando ese bloque.

> **ⓘ NOTA**
>
> De acuerdo, la descrita es una solución muy limitada, pero se puede incluir en un bucle mayor para que el programa permita volver a introducir el dato, etc.

Dado que existen muchos tipos de errores distintos, sería deseable una forma algo más sofisticada y concreta de manejarlos. En el caso de arriba, por ejemplo, el programa puede dar un error si divisor es cero o si es una cadena, y sería deseable manejar ambos casos de distinta manera.

Para ello, except: puede ser escrito de modo que indique el tipo de error concreto al que responde, de la siguiente forma:

```
except Tipo_de_Error:
```

donde Tipo_de_Error debe ser el tipo de error concreto que queremos "interrumpir". Además, pueden colocarse tantos bloques except como sean necesarios, por lo que nuestro ejemplo se podría mejorar haciendo más o menos así:

```
#!/usr/bin/python
# -*- coding: utf-8 -*-

dividendo = "A"
divisor = 2

try:
  resultado = dividendo/divisor
  print "La división resulta: ", resultado
except ZeroDivisionError:
  if divisor == 0:
    print "No puedes dividir por cero, animal"
except TypeError:
    print "Hay que ser bruto: eso no es un número"
```

Salida del programa:

```
Hay que ser bruto: eso no es un número
```

Cada uno de los bloques *except* se ejecuta solo si se da el tipo de error especificado.

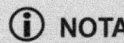 **NOTA**

Se puede ver un listado exhaustivo de códigos de excepciones y su descripción en la documentación de Python: *https://docs.python.org/2/library/exceptions.html*.

Si pensamos que esto se parece a un if un tanto sofisticado, tenemos razón. De hecho, esta estructura permite también una sentencia else, que se ejecuta cuando no hay errores. De este modo, el ejemplo anterior sería más correcto escrito así:

```
#!/usr/bin/python
# -*- coding: utf-8 -*-

dividendo = "A"
divisor = 2

try:
  resultado = dividendo/divisor

except ZeroDivisionError:
  if divisor == 0:
    print "No puedes dividir por cero, animal"
except TypeError:
  print "Hay que ser bruto: eso no es un número"

else:
  print "La división resulta: ", resultado
```

Salida del programa:

```
Hay que ser bruto: eso no es un número
```

Es importante hacer notar que dentro del try hemos dejado solo la instrucción que requiere que verifiquemos, dejando el print en el else final.

6.5 ¿QUÉ HEMOS VISTO EN ESTE TEMA?

Estructuras de control, que nos permiten cambiar el funcionamiento del programa dependiendo de los datos que esté manejando.

6.5.1 Tareas sugeridas

✔ Las estructuras de control son la base de la programación estructurada, y nos permiten hacer gran cantidad de cosas.

✔ Deberíamos ser capaces de imprimir una tabla de multiplicar anidando dos bucles `while`.

✔ También deberíamos poder hacer lo mismo con dos bucles `for`.

✔ ¿Cuál sería el mejor método para mostrar una tabla solo de los números pares?

✔ ¿Intentamos hacer un programa que nos diga si un número es primo?

✔ Muy probablemente, este último programa necesite un control de errores para asegurarnos de que no se introducen datos no numéricos.

✔ Este último aspecto (el del control de excepciones) es algo que no vamos a volver a ver en este libro (porque dificultaría los ejemplos), pero es sumamente importante y deberíamos practicarlo y conocerlo a fondo. Prácticamente todos los programas que hagamos en el futuro tendrán que usar sentencias `try`.

7

FUNCIONES

Ya hemos visto algunas funciones de Python como `type()` o `str()`, y dentro de poco veremos más, pero Python nos permite también crear nuestras propias funciones.

A efectos prácticos, una función no es más que un bloque de código que se puede usar varias veces en varios puntos distintos de nuestro programa. Nos evita tener que repetir código y facilita la lectura y el mantenimiento del programa.

Para declarar una función usamos la palabra reservada `def` seguida del nombre de la función, un paréntesis (del que luego hablaremos) y dos puntos. A continuación de esto, e indentado un nivel, se encuentra el código en sí de la función.

> **ⓘ NOTA**
>
> Los nombres de las funciones siguen las mismas reglas que los nombres de las variables (deben comenzar por una letra o guión bajo, no pueden contener espacios ni pueden comenzar por un número, pero sí contener números). Se recomienda usar nombres en minúsculas y, si constan de más de una palabra, estas deberían estar separadas por guiones bajos.

```python
#!/usr/bin/python
# -*- coding: utf-8 -*-

def saluda():
  print "Hola Mundo"
  print "es bueno saludar"
  print "resulta elegante"
```

Este ejemplo, tal como está, no hace nada: una función debe ser invocada para que se ejecute. Para invocar a la función se usa su nombre seguido de un paréntesis. Cada vez que se llama de este modo a la función, se ejecuta su código:

```
#!/usr/bin/python
# -*- coding: utf-8 -*-

def saluda():
  print "Hola Mundo"
  print "es bueno saludar"
  print "resulta elegante"

saluda()
```

Salida del programa:

En este ejemplo, cada vez que invoquemos en nuestro programa a la función `saluda()`, se imprimirán esas tres líneas. Si hemos de hacerlo varias veces, nos ahorramos escribir esos tres `print` cada vez, lo que redunda además en un código más limpio, claro y legible.

Además, una función puede retornar un resultado usando la orden `return`.

(i) **NOTA**

A una función que no retorna nada se la denomina, tradicionalmente, subrutina.

```
#!/usr/bin/python
# -*- coding: utf-8 -*-

def dame_pi():

  numero_pi = 3.14159

  return numero_pi

pi = dame_pi()

print pi
```

Salida del programa:

```
3.14159
```

El valor retornado por una función se puede usar como cualquier otro valor (como si fuera una variable, por ejemplo), de modo que el ejemplo anterior puede simplificarse así:

```python
#!/usr/bin/python
# -*- coding: utf-8 -*-

def dame_pi():

  numero_pi = 3.14159

  return numero_pi

print dame_pi()
```

Salida del programa:

```
3.14159
```

Se puede hacer que una función retorne más de un valor separando estos por comas, lo que retornará una tupla con tantos elementos como hayamos incluido en nuestro return.

```python
#!/usr/bin/python
# -*- coding: utf-8 -*-

def saluda():

  return "hola", "mundo"

hola = saluda()
# hola contiene una tupla de dos elementos
print hola
```

Salida del programa:

```
('hola', 'mundo')
```

Sin duda, lo que da realmente utilidad a las funciones es la capacidad de recibir *parámetros* o *argumentos*. Un argumento o parámetro es un valor que se le pasa a la función y que esta puede usar como variable para operar con él.

Los parámetros que puede recibir una función deben asignarse al definir esta, situándolos entre los signos de paréntesis. Ese nombre actúa como una variable interna a la función.

Del mismo modo, al llamar a la función, se le debe pasar el valor que tendrá esa variable (el argumento) en el paréntesis.

> **(i) NOTA**
>
> Para ser precisos, se les debería llamar "parámetros" en la definición de la función y "argumentos" cuando se usan en la llamada a esa función. En la práctica, ambas palabras se suelen considerar sinónimos y usarse indistintamente.

```python
#!/usr/bin/python
# -*- coding: utf-8 -*-

def cuadrado(numero):

  cuadrado = numero * numero

  return cuadrado

resultado = cuadrado(5)

print resultado
```

Salida del programa:

25

Una función puede aceptar más de un argumento. Para ello, al definirla, se enumeran por orden, separándolos por comas. Al llamar a la función, los argumentos deben pasarse en el mismo orden en el que se han definido.

```python
#!/usr/bin/python
# -*- coding: utf-8 -*-

def saluda(nombre, sexo):

  print "Hola " + nombre

  if sexo == "M" or sexo == "m":
    print "¿Cómo te va, hombre?"

  elif sexo == "F" or sexo == "f":
    print "¿Cómo te va, mujer?"

  else:
    print "¿Cómo te va?"

saluda("Paco", "M")
```

Salida del programa:

```
Hola Paco
¿Cómo te va, hombre?
```

Se puede dar un valor por defecto a un parámetro en la definición de la función. Para hacerlo solo hay que asignárselo usando el signo igual "=" tras el nombre del parámetro.

```python
#!/usr/bin/python
# -*- coding: utf-8 -*-

def tabla_multiplicar(nombre, numero = 1):

  print "Tabla de multiplicar del " + str(numero)
  print "Impresa automáticamente por " + nombre

  i = 0

  while i < 11:
    print str(numero) + " X " + str(i) + " = " + str(numero * i)
    i += 1

tabla_multiplicar("Pablo")
```

Salida del programa:

```
Tabla de multiplicar del 1
Impresa automáticamente por Pablo
1 X 0 = 0
1 X 1 = 1
1 X 2 = 2
1 X 3 = 3
1 X 4 = 4
1 X 5 = 5
1 X 6 = 6
1 X 7 = 7
1 X 8 = 8
1 X 9 = 9
1 X 10 = 10
```

Como se puede ver en el ejemplo, si al llamar a la función no se le pasa ese argumento, se usará el valor por defecto predefinido. De este modo, ese argumento es opcional, y el intérprete de Python no dará un error si no se le pasa un valor al llamar a la función.

Como los valores de los parámetros se asignan a estos por orden, si en una función hay parámetros con valor por defecto junto con otros que no lo tienen, deben ponerse por orden: primero los que no tienen valor por defecto (y, por tanto, son obligatorios) y luego los que sí lo tienen (y son opcionales).

A veces tenemos funciones de las que no sabemos cuántos argumentos van a recibir. Cuando queremos que una función acepte un número arbitrario de argumentos usamos los llamados *args*. Un *arg* no es más que un parámetro que se define como cualquier otro, pero con un asterisco delante del nombre. Python interpreta eso, en lugar de como una variable, como una lista en la que se almacenarán todos los argumentos que se reciban.

```python
#!/usr/bin/python
# -*- coding: utf-8 -*-

def imprime_lista(nombre_lista, *cosas):

  print "Lista de " + nombre_lista

  for cosa in cosas:
    print cosa

imprime_lista("Piezas", "tornillo", "tuerca", "otro torni-
llo", "cable")
```

Salida del programa:

```
Lista de Piezas
tornillo
tuerca
otro tornillo
cable
```

Si una función debe aceptar argumentos fijos junto con *args*, **los argumentos fijos deben ponerse antes que los args** ya que, al ser una lista, estos últimos "capturarían" todos los valores y los fijos no llegarían a tener ningún valor.

Un refinamiento a esto son los ****kwargs** (*keyword arguments*). Se trata de argumentos que pasan pares de clave-valor, y se reciben como un diccionario:

```python
#!/usr/bin/python
# -*- coding: utf-8 -*-

def imprime_datos(nombre, **datos):
```

```
    print "Datos de " + nombre

    for clave in datos:
       print clave + ": " + datos[clave]

    imprime_datos("Pablo", edad = "mucha", estado = "enloqueci-
    do", guapo = "no")
```

Salida del programa:

```
Datos de Pablo
edad: mucha
guapo: no
estado: enloquecido
```

7.1 ÁMBITO DE LAS VARIABLES

Cuando tenemos varias funciones con sus propias variables, puede darse el caso de que existan nombres de variable repetidos entre esas funciones o con el cuerpo principal del programa. Para prevenir conflictos entre ellas Python separa los *ámbitos* de las variables, de forma que unas no sobrescriban a las otras.

El ámbito de una variable es la parte del código desde la que esta es accesible, ya sea para leer su valor o para modificarlo. En principio, el ámbito de una variable en Python es el lugar donde ha sido asignada por primera vez.

Si tenemos un nombre de variable en el cuerpo de nuestro programa (es decir, fuera de cualquier función) y el mismo nombre dentro de una función, Python las identifica como variables distintas:

```
#!/usr/bin/python
# -*- coding: utf-8 -*-

variable= "fuera de la función"

def una_funcion():

   variable = "dentro de la función"
   print variable

una_funcion()

print variable
```

Salida del programa:

```
dentro de la función
fuera de la función
```

Las variables creadas fuera de las funciones se llaman "globales" y las que están dentro de funciones "locales".

Sin embargo, hay una estructura jerárquica en la que, si no se ha definido una variable local en una función, se recurre a las variables globales, si es que existe una con ese nombre:

```
#!/usr/bin/python
# -*- coding: utf-8 -*-

variable= "fuera de la función"

def una_funcion():

    # No asignamos valor a "variable" en la función
    print variable

una_funcion()

print variable
```

Salida del programa:

```
fuera de la función
fuera de la función
```

Es decir: las variables globales son *visibles* desde cualquier lugar de nuestro programa, pero las variables locales solo pueden ser accedidas desde la propia función en la que han sido creadas.

Una consecuencia importante de esto es que, en principio, cualquier intento de cambiar el valor de una variable global dentro de una función asignándole un nuevo valor, solo servirá para crear una variable local con el mismo nombre, dejando la variable global sin modificar.

Sin embargo, podemos declarar variables globales desde una función con la orden global seguida del nombre de la función (antes de asignarle algún valor):

```
#!/usr/bin/python
# -*- coding: utf-8 -*-
```

```
#!/usr/bin/python
# -*- coding: utf-8 -*-

variable= "fuera de la función"

def una_funcion():

  global variable
  variable = "dentro de la función"
  print variable

una_funcion()

print variable
```

Salida del programa:

```
dentro de la función
dentro de la función
```

De este modo, la variable así declarada puede ser accedida desde otras funciones o desde el cuerpo del programa como cualquier otra variable global o, si ya era global antes, su valor puede ser modificado desde la propia función.

ⓘ NOTA

No es recomendable modificar variables globales desde funciones y, de hecho, ni siquiera es recomendable usarlas. Cuanto menos uso se haga de ellas más legible y ordenado será el código.

7.2 DOCSTRINGS

La primera línea de una función en Python siempre debería ser una cadena de texto (definida por tres dobles comillas seguidas, para poder poner varias líneas) en la que se describa la función y su uso. A esta cadena se la conoce como *docstring* (del inglés *documentation string*).

```
#!/usr/bin/python
# -*- coding: utf-8 -*-

def compara_numeros(n1, n2):
```

```
"""
Recibe como parámetros dos números

retorna:
1 si el primero es mayor
2 si el segundo es mayor
0 si son iguales
"""

if (n1 > n2):
  return 1
elif (n1 < n2):
  return 2
else:
  return 0

def tabla_multiplicar(numero):
  """Recibe un número e imprime su tabla de multiplicar"""

  print "Tabla del " + str(numero)
  i = 1
  while i < 11:
    print str(numero) + " X " + str(i) + " = " + str(i * nu-
mero)
    i += 1
```

Una *docstring* debe ser tan larga y detallada como sea necesario, pero no más de eso.

Estas cadenas sirven para añadir metainformación al código, y pueden ser usadas por programas de documentación para describir el uso de las funciones.

El ejemplo más simple es el programa de Python **pydoc**, que viene incluido en la propia distribución de Python y se puede usar desde la línea de comandos simplemente escribiendo "pydoc nombre_del_módulo", donde "nombre_del_módulo" es el nombre de nuestro programa sin la extensión ".py".

> ⓘ **NOTA**
>
> Pydoc tiene más opciones que pueden ser consultadas escribiendo "pydoc" sin ningún parámetro.

7.3 GENERADORES

Un tipo especial de dato muy útil son los iteradores. Un iterador es un objeto que retorna una secuencia. En lugar de retornar un resultado o una serie de ellos una vez, un iterador retorna un valor cada vez que se le solicita.

>  **NOTA**
>
> No confundir con iterable, que es todo aquello que tenga elementos que puedan ser tomados uno a uno (iterados); e incluye listas, tuplas, etc. Un iterador es iterable, pero no todos los iterables son iteradores.

La forma más usual de crear nuestros propios iteradores es por medio de los llamados *generadores*. Los generadores no son más que funciones que usan la orden yield en lugar de return.

Para ver esto más claramente y entender su utilidad, vamos a mostrar una serie de ejemplos. Comencemos con un bucle *for* sencillo:

```
#!/usr/bin/python
# -*- coding: utf-8 -*-

lista = [1, 2, 3, 4, 5]

for i in lista:
  print i
```

Salida del programa:

```
1
2
3
4
5
```

Este bucle, simplemente, imprime los números del uno al cinco. Si quisiéramos que imprimiese cien, o mil, o un millón de números, sería terriblemente ineficiente, tanto en código escrito como en uso de memoria y tiempo de proceso.

Para solucionar este inconveniente podemos escribir una función que nos genere la lista, en lugar de tener que escribirla a mano, con algo como lo siguiente:

```
#!/usr/bin/python
# -*- coding: utf-8 -*-

def genera_lista(num):
  lista = []
  i = 1
  while i <= num:
    lista.append(i)
    i += 1
  return lista

for i in genera_lista(5):
  print i
```

Salida del programa:

```
1
2
3
4
5
```

(i) **NOTA**

En realidad, esto es exactamente para lo que sirve la función nativa range(), con la diferencia de que range() es mucho mejor, más versátil y más eficiente que la de nuestro ejemplo.

Esto nos resuelve el problema de tener una larga lista en el código, pero no nos soluciona la cuestión del uso de memoria y tiempo de proceso, ya que primero es necesario generar toda la lista y, una vez hecho esto, se retorna al for que la vuelve a iterar de nuevo entera.

Un generador viene a solucionar esto retornando, en lugar de una lista, una serie de valores individuales que se van calculando sobre la marcha y que pueden iterarse. Es decir, en vez de calcular toda una lista y usarla como iterador, nuestra función devuelve un valor cada vez. Para ello, en vez de retornar el valor con return, usamos la orden yield de este modo:

```
#!/usr/bin/python
# -*- coding: utf-8 -*-
```

```
def genera_lista(num):
  lista = []
  i = 1
  while i <= num:
    yield i
    i += 1

lista = genera_lista(5)

for i in genera_lista(5):
  print i
```

Salida del programa:

```
1
2
3
4
5
```

Ahora, en lugar de esperar al final del bucle `while` para retornar toda la lista con un `return`, la función retorna cada valor en el mismo momento de generarlo, usando un `yield` dentro del propio bucle.

ⓘ **NOTA**

La función xrange() sirve precisamente para esto, retornando una secuencia que podemos usar, por ejemplo, como iterador en nuestro bucle.

Como podemos ver, los generadores son muy eficientes en cuanto a uso de recursos porque no requieren de tanta memoria como una lista o soluciones parecidas. Además, como cada elemento se calcula en el momento en que es necesario y solo si es necesario, también se optimiza el tiempo y se reduce el uso de procesador.

7.4 DECORADORES

A veces podemos encontrarnos con que necesitamos hacer varias funciones distintas pero que comparten partes importantes de código.

Para ello podemos usar los *decoradores*.

Un decorador es una función que acepta como parámetro a otra función y retorna una tercera función. En la práctica, es una forma de añadir código o funcionalidad a otra función.

Los decoradores se crean como cualquier otra función, pero sin olvidar que el parámetro que aceptan y lo que retornan son funciones.

Para aplicar un decorador a una función se pone el nombre de este decorador, precedido de una arroba "@", antes de la definición de esa función:

```python
#!/usr/bin/python
# -*- coding: utf-8 -*-
""" >
Ejemplo de decorador
"""

def decorador(funcion_entrada):
    def funcion_salida():
        funcion_entrada()
        print "Esto no estaba en la función original"
    return funcion_salida

@decorador
def saludo():
    print "Hola"

saludo()
```

Salida del programa:

```
Hola
Esto no estaba en la función original
```

Como se puede ver al ejecutar este ejemplo, al llamar a la función `saludo()` en realidad estamos ejecutando la función retornada por el decorador.

Por supuesto, las funciones de un decorador pueden admitir argumentos, pero en este caso es importante recordar que la función decorada y la función que la reemplaza deben admitir el mismo número de argumentos.

```python
#!/usr/bin/python
# -*- coding: utf-8 -*-
"""
Ejemplo de decorador
"""
```

```
def decorador(funcion_entrada):
  def funcion_salida(param):
    if param == "Lidia":
     print "Buenos días, guapa"
    elif param == "Pablo":
     print "Buenos días, guapo"
    else:
      funcion_entrada(param)
    print "Que tengas un buen día"
  return funcion_salida

@decorador
def saludo(nombre):
  print "Hola " + nombre

saludo("Pablo")
```

Salida del programa:

```
Buenos días, guapo
Que tengas un buen día
```

(i) **NOTA**

Aunque pueden hacer el código menos legible y no es recomendable, a una función se le pueden aplicar varios decoradores, que se aplicarán cada uno sobre la salida de los anteriores, de abajo arriba.

7.5 FUNCIONES LAMBDA

Las funciones lambda son la aproximación de Python al paradigma de la programación funcional. Se trata de un tipo de función anónima que consta de una sola expresión. No se crean mediante `def`, por lo que no tienen nombre y normalmente se deben asignar a una variable, que será la que se use para llamarlas.

Una función lambda se crea mediante la palabra reservada `lambda`, tras la que se indican los parámetros (si los hay) y, separada de estos por dos puntos, la expresión que forma la función en sí.

Veámoslo con un ejemplo:

```
#!/usr/bin/python
# -*- coding: utf-8 -*-

cuadrado = lambda x: x**2

resultado = cuadrado(2)

print resultado
```

4

En este caso, la variable cuadrado contiene la función x**2 que acepta un solo valor, la x, como argumento. Una función lambda tiene, como cualquier otra función, su propio espacio de nombres, por lo que el valor de x no es directamente accesible desde fuera de esta.

Las funciones lambda no tienen ningún tipo de declaración return, y simplemente retornan el propio resultado de la sentencia que las constituye.

Una función lambda puede aceptar más de un argumento:

```
#!/usr/bin/python
# -*- coding: utf-8 -*-

suma = lambda x, y: x + y

resultado = suma(2,4)

print resultado
```

Salida del programa:

6

Dado que se puede usar funciones lambda como argumentos para otras funciones lambda, es posible concatenar funciones para hacer operaciones más complejas:

```
#!/usr/bin/python
# -*- coding: utf-8 -*-
```

```
cuadrado = lambda x: x**2

suma= lambda x, y: x + y

resultado= cuadrado(suma(cuadrado(2),5))

print resultado
```

Salida del programa:

```
81
```

7.6 ¿QUÉ HEMOS VISTO EN ESTE TEMA?

Hemos visto cómo crear y usar nuestras propias funciones, además de las que tiene Python. Además de las funciones usuales en otros lenguajes de programación, hemos visto versiones más sofisticadas, como los decoradores o las funciones lambda. Los generadores son una herramienta especialmente potente en conjunción con las estructuras de datos y los bucles. Es muy importante conocer y manejar bien el ámbito de las variables, para ahorrarnos más de un problema.

También hemos visto las *docstrings*, que deberíamos usar **siempre** para documentar nuestros programas.

7.6.1 Tareas sugeridas

✓ Casi cualquier ejemplo de los que hemos hecho en anteriores capítulos puede ser mejorado usando funciones, para así hacer nuestro código mucho más reutilizable.

✓ Alguno de los ejercicios que anteriormente hicimos con listas se podría hacer ahora con generadores.

✓ Deberíamos ir pensando qué tipo de tareas repetimos con más o menos frecuencia para convertirlas en funciones que podamos usar una y otra vez.

7.6 ¿QUÉ HEMOS VISTO EN ESTE TEMA?

8

OBJETOS Y CLASES

La aproximación a la programación más popular y exitosa de los últimos tiempos es la llamada "Programación Orientada a Objetos" (POO o, en inglés, OOP).

Un objeto es una estructura de datos compleja y flexible, que permite almacenar tanto información como la forma de operar con ella.

Los objetos se definen mediante una plantilla llamada "Clase". Decimos que un objeto pertenece a una clase determinada cuando se ha creado (*instanciado*) a partir de ella.

En esa clase podemos definir variables que pertenecerán al objeto (llamadas *propiedades* o *atributos*) y funciones que usaremos para trabajar con él (llamadas *métodos*).

Dos objetos que pertenezcan a la misma clase (es decir, que hayan sido instanciados a partir de ella) tendrán los mismos atributos, pero los valores de estos no tienen porqué ser los mismos.

Una clase se define mediante la palabra reservada `class` seguida del nombre de la clase y dos puntos:

```
#!/usr/bin/python
# -*- coding: utf-8 -*-

class Producto:
    """ Ejemplo de clase con la cantidad y el precio de un pro-
ducto"""

    def __init__(self,producto,precio,unidades):
```

```
        self.producto = producto
        self.precio = precio
        self.unidades = unidades

    def costo_total(self):
        costo = self.precio * self.unidades
        return costo

mi_objeto_producto = Producto("corbata",35,67)

print mi_objeto_producto.producto
print mi_objeto_producto.precio
print mi_objeto_producto.unidades

print mi_objeto_producto.costo_total()
```

Salida del programa:

```
35
67
2345
```

En este ejemplo, se define la clase `Producto` y, dentro de ella, dos métodos llamados `__init__` y `costo_total`. Los métodos se definen exactamente igual que las funciones, con la salvedad de que su primer parámetro debe ser siempre `self`.

Como veremos más adelante, `self` es un nombre que se refiere siempre al propio objeto. De este modo "`self.producto`" quiere decir "la propiedad *producto* de este mismo objeto".

El valor del parámetro `self` es asignado automáticamente, por lo que no es necesario indicar ese argumento al llamar al método. Por eso, como se ve en el método `costo_total` del ejemplo, si un método tiene un solo parámetro (que, necesariamente, debe ser `self`), no será necesario indicar ninguno al llamarlo.

El método `__init__` es un método especial, también llamado "constructor". Se ejecuta siempre al instanciar una clase, y es al que se pasan los argumentos al crear nuestro objeto. Comienza y termina con dos guiones bajos por convención.

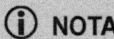 **NOTA**

Al definir un método, el primer parámetro debe ser siempre self pero, a la hora de llamar al método, no es necesario pasárselo.

El método `__init__` de nuestro ejemplo inicia tres propiedades (o atributos) que son *producto*, *precio* y *unidades*. Todas ellas van precedidas de la palabra *this* seguida de un punto para indicar que son propiedades del objeto y no variables privadas del propio método.

El método `costo_total` simplemente retorna el resultado de multiplicar el precio por las unidades.

Para instanciar un objeto de una clase, solo hay que asignarlo como se ve en el ejemplo, pasándole los valores necesarios como si fuese una función.

Una vez instanciado un objeto, para acceder a sus atributos y métodos, solo hay que hacerlo de la forma `nombre_objeto.atributo` o `nombre_objeto.método()`, en un caso particular de espacios de nombres.

Naturalmente, un objeto puede tener cuantos atributos y métodos sean necesarios. Los métodos pueden usarse para asignar o cambiar el valor de los atributos, retornar valores, ejecutar acciones, y, en general, para cualquier cosa que pueda hacer una función.

> ### ⓘ NOTA
> Aunque se puede modificar el valor de un atributo accediendo directamente como `nombre_objeto.atributo`, normalmente es recomendable crear un método para hacerlo.

En el siguiente ejemplo, un poco más complejo, podemos ver como se crean dos instancias de la clase Producto (*mi_producto1* y *mi_producto2*), cada una con sus valores, y cómo se puede acceder a sus atributos (*producto*, *precio* y *unidades*) y métodos (*_costo_total()*, *nuevo_precio()*, *agrega()_*, *saca()* e *informe()*).

```
#!/usr/bin/python
# -*- coding: utf-8 -*-

class Producto:
  """ Ejemplo de clase con la cantidad y el precio de un pro-
ducto"""

  def __init__(self,producto,precio,unidades):
    self.producto = producto
    self.precio = precio
    self.unidades = unidades
```

```python
    def __costo_total(self):
      costo = self.precio * self.unidades
      return costo

    def nuevo_precio(self,precio):
      self.precio = precio

    def agrega(self,cantidad):
      self.unidades = self.unidades + cantidad

    def saca(self,cantidad):
      if cantidad <= self.unidades:
        self.unidades = self.unidades - cantidad
      else:
        print "No hay suficientes"

    def informe(self):
      print "Producto: " + self.producto
      print "Precio: " + str(self.precio)
      print "Unidades: " + str(self.unidades)
      print "Precio Total: " + str(self.__costo_total())


mi_producto1 = Producto("Pantalón",100,6)

mi_producto2 = Producto("Camiseta",50,5)

print mi_producto1.precio

print mi_producto2.unidades

mi_producto2.agrega(5)

print mi_producto2.unidades

mi_producto2.informe()
```

Salida del programa:

```
100
5
10
Producto: Camiseta
Precio: 50
Unidades: 10
Precio Total: 500
```

En este ejemplo, el nombre del método `__costo_total()` comienza con dos guiones bajos. Esto hace que ese método sea privado, y no pueda ser accedido desde el exterior. Si en ese ejemplo intentamos hacer algo como `print mi_producto2.__costo_total()` Python nos retornará un error. Todos los métodos que comiencen con dos guiones bajos (y que no terminen con dos guiones bajos) son considerados como *privados*, y no pueden ser accedidos desde fuera del propio objeto.

> ### (i) NOTA
>
> En realidad, los métodos que comienzan por dos guiones bajos pueden ser accedidos anteponiéndoles un guión bajo y el nombre de la clase, del modo *mi_producto2.__Producto__costo_total()*.

8.1 HERENCIA

Podemos hacer que una clase herede métodos y atributos de otra. Esto puede ser muy útil por cuestiones de organización del código y facilidad de mantenimiento o, simplemente, por mantener la coherencia.

A la clase que hereda de otra se le llama *clase derivada*, *clase hija* o *subclase* y, a aquella de la que se hereda, *clase base*, *clase madre* o *superclase*.

Para crear una clase que herede de otra solo hay que especificarlo en su definición añadiendo, tras su nombre y entre paréntesis, el nombre de la clase base de la que queremos heredar.

En el ejemplo siguiente, definimos la clase base Animal, y después la clase Perro como hija de esta:

```python
#!/usr/bin/python
# -*- coding: utf-8 -*-

class Animal:
  """Clase base para mostrar la herencia"""

  def __init__(self, nombre, patas):
    self.nombre = nombre
    self.patas = patas

  def saluda(self):
    print "El animal llamado " + str(self.nombre) + " saluda"
```

```python
class Perro(Animal):
  """Clase hija para mostrar la herencia"""

  # Simplemente, no hacemos nada
  pass

mi_mascota = Perro("Rufo",4)

mi_mascota.saluda()
```

Salida del programa:

```
El animal llamado Rufo saluda
```

Como podemos ver, la clase Perro ha heredado las propiedades y métodos de la clase Animal, por lo que es básicamente una copia de esta.

Pero podemos agregar un nuevo método a la clase Perro para que nos resulte más útil:

```python
#!/usr/bin/python
# -*- coding: utf-8 -*-

class Animal:
  """Clase base para mostrar la herencia"""

  def __init__(self, nombre, patas):
    self.nombre = nombre
    self.patas = patas

  def saluda(self):
    print "El animal llamado " + str(self.nombre) + " saluda"

class Perro(Animal):
  """Clase hija para mostrar la herencia"""

  def ladra(self):
    print "Guau"

mi_mascota = Perro("Rufo",4)

mi_mascota.saluda()

mi_mascota.ladra()
```

```
El animal llamado Rufo saluda
Guau
```

De este modo, la clase Perro es igual que la clase Animal, pero con un método "ladra" adicional. Podríamos crear diversas clases para diversos animales, cada una con sus diferencias, pero haciendo heredar de la clase base Animal lo que sea común a todas ellas:

```python
#!/usr/bin/python
# -*- coding: utf-8 -*-

class Animal:
  """Clase base para mostrar la herencia"""

  def __init__(self, nombre, patas):
    self.nombre = nombre
    self.patas = patas

  def saluda(self):
    print "El animal llamado " + str(self.nombre) + " saluda"

class Perro(Animal):
  """Clase hija para mostrar la herencia"""

  def ladra(self):
    print "Guau"

class Gato(Animal):
  """Clase hija para mostrar la herencia"""

  def maulla(self):
    print "Miau miau"

mi_mascota = Perro("Rufo",4)

mi_mascota.saluda()

mi_mascota.ladra()

mi_otra_mascota = Gato("Azrael",4)

mi_otra_mascota.saluda()

mi_otra_mascota.maulla()
```

Salida del programa:

```
El animal llamado Rufo saluda
Guau
El animal llamado Azrael saluda
Miau miau
```

Igual que podemos añadir métodos nuevos a una clase hija, también podemos modificar métodos que ha heredado de su clase madre.

Si definimos un método en una clase con el mismo nombre que uno heredado de su clase madre, la clase hija usará el nuevo método en lugar del heredado:

```python
#!/usr/bin/python
# -*- coding: utf-8 -*-

class Animal:
    """Clase base para mostrar la herencia"""

    def __init__(self, nombre, patas):
        self.nombre = nombre
        self.patas = patas

    def saluda(self):
        print "El animal llamado " + str(self.nombre) + " saluda"

class Perro(Animal):
    """Clase hija para mostrar la herencia"""

    def ladra(self):
        print "Guau"

class Gato(Animal):
    """Clase hija para mostrar la herencia"""

    def maulla(self):
        print "Miau miau"

    def saluda(self):
        print "El gato " + str(self.nombre) + " te mira fijamen-
te"

mi_mascota = Perro("Rufo",4)

mi_mascota.saluda()
```

```
mi_mascota.ladra()

mi_otra_mascota = Gato("Azrael",4)

mi_otra_mascota.saluda()

mi_otra_mascota.maulla()
```

Salida del programa:

```
El animal llamado Rufo saluda
Guau
El gato Azrael te mira fijamente
Miau miau
```

En este ejemplo, la clase Gato tiene un método `saluda` distinto al de su clase madre.

Una clase puede heredar de más de una clase madre, con lo que heredaría todos sus atributos y métodos. Para ello solo es necesario indicar todas las clases de las que hereda, separadas por comas.

El orden en el que se ponen estas clases es importante: si dos clases tienen métodos o atributos con el mismo nombre se usará el de aquella que se haya indicado primero.

```
#!/usr/bin/python
# -*- coding: utf-8 -*-

class Animal:
  """Clase base para mostrar la herencia"""

  def __init__(self, nombre, patas):
    self.nombre = nombre
    self.patas = patas

  def saluda(self):
    print "El animal llamado " + str(self.nombre) + " saluda"

class Amigo:
  """Clase base para mostrar la herencia"""

  def __init__(self, nombre):
    self.nombre = nombre
```

```python
    def salir(self, num):
      if num == 0:
        print "Vamos a pasear"
      elif num == 1:
        print "Vamos a jugar"
      else:
        print "Vamos al parque"

class Perro(Animal,Amigo):
  """Clase hija para mostrar la herencia"""

  def ladra(self):
    print "Guau"

mi_mascota = Perro("Rufo",4)

mi_mascota.saluda()

mi_mascota.salir(1)
```

Salida del programa:

```
El animal llamado Rufo saluda
Vamos a jugar
```

Una clase puede ejecutar los métodos de sus superclases (incluso aquellas que comienzan con doble guión bajo) del modo `NombreDeLaSuperClase.nombre_del_método(self,argumentos)`. Esto es útil, por ejemplo, cuando sobrescribimos un método pero queremos ejecutar también el código que contenía el método original.

```python
#!/usr/bin/python
# -*- coding: utf-8 -*-

class Animal:
  """Clase base para mostrar la herencia"""

  def __init__(self, nombre, patas):
    self.nombre = nombre
    self.patas = patas

  def saluda(self):
    print "El animal llamado " + str(self.nombre) + " saluda"

class Perro(Animal):
  """Clase hija para mostrar la herencia"""
```

```
    def __init__(self, nombre):
      Animal.__init__(self, nombre, 4)
      self.sonido = "Guau"

    def ladra(self):
      print self.sonido

mi_mascota = Perro("Chucho")

mi_mascota.saluda()

mi_mascota.ladra()
```

Salida del programa:

```
El animal llamado Chucho saluda
Guau
```

En este ejemplo vemos como el método __init__ de la clase Perro llama al mismo método de la clase Animal, con lo que se crean los atributos self.nombre y self.patas como si estuviesen definidos en la propia clase Perro.

El método __init__ no es el único método especial de que disponemos. Hay una infinidad de métodos "mágicos" que nos permiten modificar cada aspecto del comportamiento de nuestros objetos y clases.

La mayoría tiene un uso muy restringido, pero hay algunos que pueden resultar útiles, por ejemplo:

▰ __del__(self) se ejecuta al borrar un objeto.

▰ __str__(self) se ejecuta cuando se genera una cadena a partir del objeto con la función srt() o al hacer un print.

▰ __len__(self) se ejecuta al pedir la longitud del objeto con la función *len()*.

▰ __cmp__(self, otro), al comparar el objeto con el indicado en el parámetro "otro" por medio de los operadores de comparación se ejecutará el código contenido en este método.

Python espera que este método retorne un número negativo si el objeto es menor, uno positivo si es mayor y cero si es igual.

```python
#!/usr/bin/python
# -*- coding: utf-8 -*-

class Palabra:
    """Clase para mostrar el método __cmp__"""

    def __init__(self, contenido):
        self.contenido = contenido

    def __cmp__(self, otro):

        if self.contenido > otro.contenido:
            return 1
        elif self.contenido < otro.contenido:
            return -1
        else:
            return 0

larga = Palabra("supercalifragilisticoespialidoso")

corta = Palabra ("bah")

if (larga > corta):
    print larga.contenido + " es mayor que " + corta.contenido
else:
    print larga.contenido + " NO es mayor que " + corta.conte-
nido
```

Salida del programa:

```
supercalifragilisticoespialidoso es mayor que bah
```

En este ejemplo hemos usado el razonable criterio de la longitud de palabra como comparación, pero podríamos haber usado cualquiera que nos imaginemos.

Aunque son menos usados, existen varios métodos que permiten controlar con más detalle el comportamiento de los operadores de comparación:

▶ __eq__(self, otro) se ejecuta al usar el operador == con el objeto.
▶ __ne__(self, otro) se ejecuta al usar el operador != con el objeto.
▶ __lt__(self, otro) se ejecuta al usar el operador < con el objeto.
▶ __gt__(self, otro) se ejecuta al usar el operador > con el objeto.
▶ __le__(self, otro) se ejecuta al usar el operador <= con el objeto.
▶ __ge__(self, otro) se ejecuta al usar el operador >= con el objeto.

Y, naturalmente, existen también métodos "mágicos" para el resto de operadores:

- ▼ __add__(self, otro) para el operador +.
- ▼ __sub__(self, otro) para el operador -.
- ▼ __mul__(self, otro) para el operador *.
- ▼ __div__(self, otro) para el operador /.
- ▼ __floordiv__(self, otro) para el operador //.
- ▼ __mod__(self, otro) para el operador %.
- ▼ __divmod__(self, otro) se ejecuta al usar la función *divmod()*.
- ▼ __pow__ para el operador **.
- ▼ __lshift__(self, otro) para el operador <<.
- ▼ __rshift__(self, otro) para el operador >>.
- ▼ __and__(self, otro) para el operador &.
- ▼ __or__(self, otro) para el operador |.
- ▼ __xor__(self, otro) para el operador ^.

8.2 CLASES NEW STYLE

Las clases que hemos estado usando hasta ahora son las llamadas clases *Old Style* o de *Viejo estilo*. Al principio era el único tipo de clases disponibles, pero fueron sustituidas por un nuevo tipo de clases, llamadas *New Style* o de *Nuevo estilo*.

Por defecto, cuando creamos una clase en Python, esta es del viejo estilo. Para hacer que una clase sea de nuevo estilo, simplemente debemos hacerla heredar de la clase object (o de otra clase que ya sea de nuevo estilo).

```python
#!/usr/bin/python
# -*- coding: utf-8 -*-

class Mensaje(object):
    """ Ejemplo de clase New Style (hereda de object)"""

    def __init__(self):
        self.texto = "Soy una clase de nuevo estilo, porque soy
hija de 'object'"

    def mostrar(self):

        print self.texto

mi_objeto = Mensaje()

mi_objeto.mostrar()
```

Salida del programa:

```
Soy una clase de nuevo estilo, porque soy hija de 'object'
```

Las clases de viejo y nuevo estilo se usan exactamente del mismo modo. La diferencia fundamental entre unas y otras es que en las primeras los objetos siempre son de tipo `instance`, mientras que en las segundas los objetos pertenecen a un tipo propio que coincide con la clase a la que pertenecen, y que se muestra con el formato `Nombre_del_módulo.Nombre_de_la_clase`. De este modo, las clases de nuevo estilo son una forma de crear nuestros propios tipos.

> **ⓘ NOTA**
>
> La clase a la que pertenece un objeto puede encontrarse en el atributo reservado __ *class__*.

```python
#!/usr/bin/python
# -*- coding: utf-8 -*-

class Viejo_Estilo:
  """ Ejemplo de clase Old Style"""

  def __init__(self,cadena):
    self.texto = cadena

  def mostrar(self):
    return self.texto

class Nuevo_Estilo(object):
  """ Ejemplo de clase New Style (hereda de object)"""

  def __init__(self,cadena):
    self.texto = cadena

  def mostrar(self):
    return self.texto

vieja = Viejo_Estilo("hola")

nueva = Nuevo_Estilo("hola")

print type(vieja)
# Mostrará "<type 'instance'>"

print type(nueva)
# Mostrará <class '__main__.Nuevo_Estilo'>
```

```
<type 'instance'>
<class '__main__.Nuevo_Estilo'>
```

Las clases de nuevo estilo están concebidas para ofrecer un mejor y más flexible sistema de tipos de datos. Además, como veremos en breve, nos permiten usar herramientas que las clases de viejo estilo no admiten. Las clases de viejo estilo se mantienen solo por razones de compatibilidad por lo que, por lo general, deberíamos crear todas nuestras clases de nuevo estilo.

8.2.1 Descriptores

Un problema que puede surgirnos cuando asignamos un valor a un atributo es que no tenemos control sobre su contenido. No podemos controlar el tipo de dato que permitimos, ni rangos de valores ni, en general, ejecutar ninguna acción en el momento de la asignación. Del mismo modo, no podemos ejecutar ningún código en la lectura o el borrado de los atributos.

Por ejemplo, en la siguiente clase Animal asignamos el número de patas al atributo `patas`, pero no tenemos una forma fácil de controlar que se introduzca realmente un número entero.

```python
#!/usr/bin/python
# -*- coding: utf-8 -*-

class Animal(object):

  def __init__(self, nombre, patas):
    self.nombre = nombre
    self.patas = patas

  def muestra(self):
    print "El " + self.nombre + " tiene " + self.patas + "
patas."

# Esta asignación funciona
chucho = Animal("perro", 4)
chucho.muestra()

# Pero esta fallará
error = Animal("perro", "A")
error.muestra()
```

Salida del programa:

```
File "test.py", line 15, in <module>
  chucho.muestra()
File "test.py", line 11, in muestra
  print "El " + self.nombre + " tiene " + self.patas + " pa-
tas."
TypeError: cannot concatenate 'str' and 'int' objects
```

La solución más habitual a esto es no usar directamente los valores de nuestros atributos, sino hacerlo por medio de métodos preparados al efecto.

Pero Python dispone de los llamados "Descriptores", una solución mucho más interesante y útil.

Los descriptores permiten crear una clase especial que podemos usar para controlar el funcionamiento de un atributo.

ⓘ **NOTA**

Los descriptores solo pueden usarse con clases New Style.

La idea es que esta clase actúe como "filtro" y ejecute el código que sea necesario antes de interactuar con el atributo. Para ello disponemos de tres métodos especiales, __get__, __set__ y __delete__, en los que podemos describir el comportamiento de nuestro atributo al asignarle un valor, leer el valor o borrarlo, respectivamente.

Estos métodos, además del acostumbrado argumento self, reciben algunos más dependiendo del método en concreto:

▶ __set__ (self, objeto, valor): el identificador del objeto al que pertenece el atributo al que asignamos el valor y el propio valor que asignaremos al atributo.

▶ __get__(self, objeto, clase): el identificador del objeto al que pertenece el atributo que leemos y la clase a la que pertenece ese objeto.

▶ __delete__(self, objeto): el identificador del objeto al que pertenece el atributo que queremos borrar.

Veámoslo con un ejemplo:

```python
#!/usr/bin/python
# -*- coding: utf-8 -*-

class Descriptor(object):

  def __init__(self):
    self.var = ""

  def __set__(self, objeto, valor):
    print "Asignando un valor al atributo"
    self.var = valor

  def __get__(self, objeto, clase):
    print "Obteniendo el valor del atributo"
    return self.var

  def __delete__(self, objeto):
    print "Borrando el atributo"
    del self.var

class Mi_Clase(object):

  mi_atributo = Descriptor()

  def __init__(self, texto):
    self.mi_atributo = texto

mi_objeto = Mi_Clase("hola")

texto = mi_objeto.mi_atributo

mi_objeto.mi_atributo = "adios"

del mi_objeto.mi_atributo

print texto
```

Salida del programa:

```
Asignando un valor al atributo
Obteniendo el valor del atributo
Asignando un valor al atributo
Borrando el atributo
hola
```

En el ejemplo anterior, hemos creado una clase Descriptor que tiene métodos que se ejecutarán en el momento de asignar un valor a un atributo (__set__), en el de leerlo (__get__) y en el de borrarlo (__delete__).

Posteriormente, para usar este descriptor con uno de los atributos de la clase Mi_Clase (en nuestro caso, mi_atributo), debemos crear el atributo como una instancia de la clase (es decir, hacer mi_atributo = Descriptor()). A partir de este momento, en lugar de actuar sobre el atributo en sí al asignarle un valor o leerlo, se ejecutarán los métodos correspondientes de la clase Descriptor.

En la práctica, lo que hace Python es mapear la asignación, la lectura y el borrado de nuestro atributo, llamando en su lugar al método correspondiente del descriptor.

Naturalmente, podemos usar un mismo descriptor para varios atributos, ya sea en la misma o distinta clase.

Aunque en este ejemplo nuestro descriptor se limita a mostrar unos textos, podemos aplicar descriptores a nuestro problema con la clase Animal y el número de patas:

```python
#!/usr/bin/python
# -*- coding: utf-8 -*-

class Patas(object):
  def __init__(self):
    self.patas = 0

  def __get__(self, objeto, owner):
    return self.patas

  def __set__(self, objeto, value):
    try:
      self.patas = int(value)
    except ValueError:
      print("No es un entero")

  def __delete__(self, objeto):
    del self.patas

class Animal(object):

  patas = Patas()
```

```
    def __init__(self, nombre, patas):
      self.nombre = nombre
      self.patas = patas

    def muestra(self):
      print "El " + self.nombre + " tiene " + str(self.patas) +
" patas."

chucho = Animal("perro", "A")

chucho.muestra()
```

Salida del programa:

```
No es un entero
El perro tiene 0 patas.
```

Ahora, gracias a nuestro descriptor `Patas()`, tenemos un manejo de excepciones al asignar un valor al atributo `patas` de la clase `Animal` que impide introducir valores no enteros.

8.3 PYTHON Y LOS OBJETOS

Python no solo es un lenguaje orientado a objetos, sino que en Python todos los elementos del lenguaje **son** objetos.

Las funciones, los módulos o los distintos tipos de datos son objetos, lo que quiere decir que todos ellos poseen sus propios métodos y atributos que nos permiten manipularlos y trabajar con ellos.

Para saber en profundidad de qué herramientas disponemos para cada clase, podemos usar el programa **pydoc**, escribiendo la orden `pydoc nombre_de_la_clase` (donde `nombre_de_la_clase` es el nombre de la clase sobre la que queremos saber más) en un terminal. Esto nos dará una descripción de la clase junto con un listado de sus métodos y para qué sirven.

Por ejemplo, algunos de los métodos que se pueden aplicar a las listas son los siguientes:

- `append(elemento)` agrega un nuevo elemento al final de la lista.
- `count(elemento)` retorna el número de veces que aparece el elemento indicado en la lista.

▼ `extend(secuencia)` añade los elementos de la secuencia indicada (por ejemplo, otra lista o tupla) a la lista.

▼ `index(elemento)` retorna el índice de la primera aparición del elemento en la lista.

▼ `insert(posición, elemento)` inserta el elemento en la posición indicada de la lista.

▼ `pop(elemento)` elimina y retorna el elemento de la lista indicado. Si no se indica ninguno, usa el último de la lista.

▼ `remove(elemento)` elimina el elemento indicado de la lista.

▼ `reverse()` invierte el orden de los elementos de la lista.

▼ `sort()` ordena los elementos de la lista. Si se le pasa una función como parámetro, usará esa función como criterio de ordenación.

Y pueden ser usados, como con cualquier objeto, de este modo:

```python
#!/usr/bin/python
# -*- coding: utf-8 -*-

mi_lista = ["Pato", "Gallina", "Pollo", "Pato", "Pavo"]

print mi_lista

mi_lista.append("Avestruz")

print mi_lista

print mi_lista.count("Pato")

mi_lista.extend(["Gato","Perro"])

print mi_lista

mi_lista.index("Pato")
```

```
print mi_lista

mi_lista.insert(3, "Lechuga")

print mi_lista

print mi_lista.pop()

print mi_lista

mi_lista.remove("Lechuga")

print mi_lista

mi_lista.reverse()

print mi_lista

mi_lista.sort()

print mi_lista
```

Salida del programa:

```
['Pato', 'Gallina', 'Pollo', 'Pato', 'Pavo']
['Pato', 'Gallina', 'Pollo', 'Pato', 'Pavo', 'Avestruz']
2
['Pato', 'Gallina', 'Pollo', 'Pato', 'Pavo', 'Avestruz',
'Gato', 'Perro']
['Pato', 'Gallina', 'Pollo', 'Pato', 'Pavo', 'Avestruz',
'Gato', 'Perro']
['Pato', 'Gallina', 'Pollo', 'Lechuga', 'Pato', 'Pavo',
'Avestruz', 'Gato', 'Perro']
Perro
['Pato', 'Gallina', 'Pollo', 'Lechuga', 'Pato', 'Pavo',
'Avestruz', 'Gato']
['Pato', 'Gallina', 'Pollo', 'Pato', 'Pavo', 'Avestruz',
'Gato']
['Gato', 'Avestruz', 'Pavo', 'Pato', 'Pollo', 'Gallina',
'Pato']
['Avestruz', 'Gallina', 'Gato', 'Pato', 'Pato', 'Pavo', 'Pollo']
```

8.4 ¿QUÉ HEMOS VISTO EN ESTE TEMA?

La programación orientada a objetos, que es el paradigma de programación más en boga hoy en día.

Hemos visto qué son y cómo se usan los objetos, tanto los de "Viejo estilo" como los de "Nuevo estilo". Hemos visto el concepto de herencia y su utilidad, y hemos descubierto que, en Python, todos los elementos del lenguaje son objetos y pueden ser tratados como tales.

8.4.1 Tareas sugeridas

✓ Todo lo que hemos estado haciendo hasta ahora se puede hacer con objetos. Deberíamos probarlo. ¿Qué tal un objeto que tenga un método que retorne la tabla de multiplicar de un número?

✓ Crear una clase "Libro" que tenga atributos y métodos para características tales como título, autor, editorial, páginas totales, páginas leídas... y que nos sirva para administrar nuestra biblioteca personal.

✓ Quizás necesitemos una clase "Cómic" que herede métodos y atributos de Libro.

9

MÓDULOS

A menudo querremos usar las mismas funciones (o cualquier otro tipo de código) en diferentes programas. Podríamos copiar y pegar la función cada vez que fuera necesario, pero eso, aparte de incómodo, es poco práctico. Cosas como modificar una misma función en muchos archivos diferentes se pueden convertir en tareas casi imposibles en proyectos mínimamente complejos.

También ayudaría a organizar mejor el código si pudiéramos tener en un solo archivo todas las funciones relacionadas con un tema determinado, y usarlas en nuestros *scripts* cuando nos resultasen necesarias.

Para este tipo de cosas Python dispone de los módulos.

Un módulo no es más que un trozo de código en un archivo que puede ser importado en nuestros programas para ser usado.

En realidad, cualquier archivo .py es un módulo, y puede ser importado usando *import*. El cuerpo de nuestro programa, el archivo que ejecutamos, es el módulo principal o __main__. El resto de los módulos tienen un nombre que coincide con el nombre de su archivo, sin la extensión ".py".

Por ejemplo, este es el contenido del archivo "mates.py" que vamos a usar como ejemplo simplificado de módulo:

```python
#!/usr/bin/python
# -*- coding: utf-8 -*-
# mates.py es un módulo de ejemplo con operaciones matemáti-
cas

variable = "Esto está en el módulo"
```

```python
def multiplica(num1, num2):
    """ Función que multiplica dos números """

    return num1 * num2

def suma(num1, num2):
    """ Función que suma dos números """

    return num1 + num2
```

Para usar este módulo en nuestro programa debemos invocarlo con la cláusula `import` seguida del nombre del módulo (recordemos: el nombre del módulo es el mismo que el nombre del archivo, sin la extensión ".py"). Como en nuestro ejemplo hemos guardado el archivo con el nombre "mates.py", tendremos que llamarlo con `import mates`.

Al importar un módulo este se incluye (y se ejecuta) como parte de nuestro programa, y podemos usar las variables, funciones, etc., que contenga normalmente. Sin embargo, como veremos más adelante, para ello debemos llamarlas usando su nombre precedido por el nombre del módulo y un punto, del modo "nombre_de_módulo.nombre_de_función()".

```python
#!/usr/bin/python
# -*- coding: utf-8 -*-

import mates

variable = "Esto está en el cuerpo del programa"

print mates.variable

print variable

resultado = mates.suma(3,2)

print resultado

resultado = mates.multiplica(3,2)

print resultado
```

Salida del programa:

```
5
6
```

La importación de módulos debe hacerse al principio del programa, antes de definir nuestras propias variables, funciones, etc. Se puede llamar a más de un módulo en sucesivas cláusulas `import`, o usar una sola seguida de todos los módulos que queramos separados por comas.

 NOTA

No es necesario, pero sí es recomendable que, si se invocan varios módulos en una misma sentencia import, se enumeren por orden alfabético.

Cuando se importa un módulo, Python busca un archivo `.py` del mismo nombre en el mismo directorio donde se halla el programa que lo importa. En caso de que no lo encuentre, lo buscará en una serie de directorios por defecto, que dependen del sistema operativo y de la ruta donde hayamos hecho la instalación de Python.

El módulo `sys` que acompaña a toda distribución de Python tiene una variable `sys.path` que contiene una lista con los valores concretos de estas rutas en el sistema:

```
#!/usr/bin/python
# -*- coding: utf-8 -*-

import sys

print sys.path
```

Salida del programa:

```
['/home/usuario', '/usr/lib/python2.7', '/usr/lib/python2.7/
plat-x86_64-linux-gnu',
 '/usr/lib/python2.7/lib-tk', '/usr/lib/python2.7/lib-old',
 '/usr/lib/python2.7/lib-dynload', '/usr/local/lib/python2.7/
dist-packages',
 '/usr/lib/python2.7/dist-packages', '/usr/lib/python2.7/
dist-packages/PILcompat',
 '/usr/lib/python2.7/dist-packages/gtk-2.0', '/usr/lib/pymo-
dules/python2.7']
```

9.1 ESPACIOS DE NOMBRES

Los espacios de nombres o *namespaces* son la técnica que usa Python para mantener los nombres de variables, funciones, clases y objetos (lo que, en general, llamamos *identificadores*) aislados unos de otros y así evitar conflictos entre las distintas partes de un programa.

> 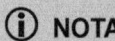 **NOTA**
>
> En realidad, la distinción entre variables locales y globales que hemos visto anteriormente es un tipo concreto de espacios de nombres.

Como hemos visto, para que distintos módulos puedan tener los mismos identificadores sin que ello cause problemas, Python solo permite acceder directamente a estos identificadores desde el módulo que los contiene. De este modo, si dos módulos tienen funciones con el mismo nombre, cada uno accederá a la suya.

Cada módulo tiene su propio entorno global independiente, de modo que las variables globales de un módulo no son directamente accesibles desde otro.

Para poder acceder a un identificador de otro módulo es necesario hacerlo usando el nombre de ese módulo del modo "`nombre_de_módulo.identificador`", donde "`nombre_de_módulo`" es el nombre del módulo e "`identificador`" es la variable, función, etc., que queremos llamar.

Veámoslo con un ejemplo. Supongamos que tenemos dos módulos. El primero de ellos será "primero.py":

```
#!/usr/bin/python
# -*- coding: utf-8 -*-
# primero.py es un módulo de ejemplo

variable = "Estoy en el módulo 'primero'"

def funcion_ejemplo():
    """ Función que muestra un texto """

    print variable
```

El segundo, muy similar, se llamará "segundo.py":

```
#!/usr/bin/python
# -*- coding: utf-8 -*-
# segundo.py es un módulo de ejemplo

variable = "Estoy en el módulo 'segundo'"

def funcion_ejemplo():
  """ Función que muestra un texto """

  print variable
```

Ahora los usamos en nuestro programa, para lo cual tenemos que importarlos:

```
#!/usr/bin/python
# -*- coding: utf-8 -*-

# Importamos los módulos
import primero, segundo

variable = "Estoy en el cuerpo principal"

def funcion_ejemplo():
  """ Función que muestra un texto """

  print variable

print "Llamamos a la función de este mismo módulo:"

funcion_ejemplo()

print 'Llamamos a la función del módulo "primero":'

primero.funcion_ejemplo()

print 'Llamamos a la función del módulo "segundo":'

segundo.funcion_ejemplo()

print "También podemos acceder a las variables:"
```

```
print variable
print primero.variable
print segundo.variable
```

Salida del programa:

```
Llamamos a la función de este mismo módulo:
Estoy en el cuerpo principal
Llamamos a la función del módulo "primero":
Estoy en el módulo 'primero'
Llamamos a la función del módulo "segundo":
Estoy en el módulo 'segundo'
También podemos acceder a las variables:
Estoy en el cuerpo principal
Estoy en el módulo 'primero'
Estoy en el módulo 'segundo'
```

Todo módulo tiene una variable reservada __name__ (con dos guiones bajos al principio y otros dos al final del nombre) que almacena el nombre de ese módulo. Si es el módulo principal, su contenido será siempre __main__ (también con dos guiones bajos al principio y otros dos al final).

También es posible importar todo o parte del contenido de un módulo dentro del espacio de nombres del módulo principal, para evitar tener que usar el nombre del módulo en todas las llamadas a los identificadores. Para ello se usa la misma instrucción import pero en la forma from MODULO import IDENTIFICADOR.

Veámoslo con un ejemplo. Supongamos que tenemos un módulo "mi_modulo.py" que contiene una variable y dos funciones:

```
#!/usr/bin/python
# -*- coding: utf-8 -*-
# mi_modulo.py es un módulo de ejemplo

numero_pi = 3.14159

def multiplica(uno, dos):
  """ Función que multiplica dos números y retorna el resultado"""

  return uno * dos

def suma(uno, dos):
  """ Función que multiplica dos números y retorna el resultado"""

  return uno + dos
```

Importamos la función `multiplica()` de este módulo:

```
#!/usr/bin/python
# -*- coding: utf-8 -*-

# Importamos la función "multiplica" del módulo "mi_modulo"
from mi_modulo import multiplica

# Ya no es necesario hacer "mi_modulo.multiplica(2, 3)"
resultado = multiplica(2, 3)

print resultado
```

Salida del programa:

```
6
```

De este modo, la función multiplica está en el espacio de nombres del módulo principal y podemos llamarla sin hacer referencia al módulo del que proviene. Sin embargo, no podemos hacer lo mismo con la función "`suma()`" o la variable "`numero_pi`" del mismo módulo porque estas no las hemos importado.

Podemos importar varios identificadores de un mismo módulo poniendo sus nombres separados por comas, de este modo:

```
#!/usr/bin/python
# -*- coding: utf-8 -*-

# Importamos las funciones "multiplica" y "suma"
from mi_modulo import multiplica, suma

print suma(21, 10)

print multiplica(21, 10)
```

Salida del programa:

```
31
210
```

Si quisiéramos importar todos los identificadores de un módulo a nuestro espacio de nombres (algo que no es demasiado recomendable), podríamos hacerlo usando como nombre un asterisco, del siguiente modo:

```
#!/usr/bin/python
# -*- coding: utf-8 -*-

# Importamos las funciones "multiplica" y "suma"
from mi_modulo import *

print suma(21, 10)

print multiplica(21, 10)

print numero_pi
```

Salida del programa:

```
31
210
3.14159
```

Importar nombres de este modo tiene el riesgo de que se den conflictos si los nombres de distintos identificadores coinciden. Podemos encontrarnos en la situación de creer que estamos usando una función de un módulo determinado cuando, en realidad, estamos usando otra del mismo nombre pero de un módulo distinto.

9.2 PAQUETES

En ocasiones, por razones de organización, es conveniente ordenar los módulos agrupándolos de forma lógica en paquetes. Un paquete no es más que un directorio que contiene varios módulos que, en principio, están relacionados.

Para crear un paquete solo hay que guardar los módulos que queramos en un mismo directorio. Además de esos módulos, el directorio debe contener un archivo de nombre "__init.py__".

Aunque este archivo se puede usar para cosas como iniciar los módulos, no hace falta que este archivo contenga nada, solo es necesario para informar a Python de que ese directorio es un paquete.

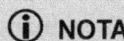 **NOTA**

El nombre del archivo "`__init.py__`" tiene dos guiones delante del nombre y otros dos detrás.

Por ejemplo, un módulo dedicado a las matemáticas podría constar de un directorio llamado "matematicas" que contuviese un archivo "`__init.py__`" en blanco, otro "`constantes.py`" con declaraciones de variables y otro "`operaciones.py`" con algunas funciones matemáticas.

```python
#!/usr/bin/python
# -*- coding: utf-8 -*-
"""
constantes.py es un módulo con constantes matemáticas
forma parte del paquete de ejemplo "matematicas"
"""


pi = 3.14159

e = 2.71828

zeta = 1.64493
#!/usr/bin/python
# -*- coding: utf-8 -*-
"""
operaciones.py es un módulo con operaciones matemáticas
forma parte del paquete de ejemplo "matematicas"
"""


def multiplica(uno, dos):
  """ Función que multiplica dos números y retorna el resultado"""

  return uno * dos

def suma(uno, dos):
  """ Función que multiplica dos números y retorna el resultado"""

  return uno + dos

def cuadrado(num):
  """ Función que retorna el cuadrado de un número"""

  return num * num
```

Suponiendo, como hemos dicho, que estos módulos se encuentran en el directorio "matematicas" acompañados de un archivo "__init.py__" en blanco, debemos importarlos del siguiente modo:

```python
#!/usr/bin/python
# -*- coding: utf-8 -*-
"""
usando el paquete de ejemplo "matematicas"
"""

import matematicas.constantes, matematicas.operaciones

radio = 14

radio_cuadrado = matematicas.operaciones.cuadrado(radio)

circunferencia = matematicas.operaciones.
multiplica(matematicas.constantes.pi, radio_cuadrado)

print circunferencia
```

Salida del programa:

```
615.75164
```

Como puede verse, cuando importamos o usamos un módulo de un paquete, debemos hacerlo siguiendo su espacio de nombres completo, con el nombre del paquete seguido de un punto y el nombre del módulo, del modo "PAQUETE.MODULO". Este mismo espacio de nombres deberá usarse para invocar cualquier identificador del módulo, como variables o funciones.

En nuestro ejemplo vemos que hemos tenido que llamar a cada submódulo independientemente. Si importamos simplemente "matematicas", sin usar ningún nombre de módulo, estos submódulos no se importarán (no se importará nada, de hecho).

A veces puede ser conveniente permitir que, al importar directamente al paquete, se cargue una serie de identificadores por defecto. Podemos hacerlo añadiendo las cláusulas de importación necesarias al archivo "__init.py__". Por ejemplo, si nuestro paquete de ejemplo tuviera lo siguiente en su "__init.py__":

```python
from .constantes import e
from .operaciones import suma
```

Esto haría que la variable e y la función suma() fueran llamadas al importar directamente a "matematicas".

Los paquetes pueden contener a su vez otros paquetes en una estructura jerárquica, por lo que habría que llamar al módulo y sus componentes indicando toda la ruta de directorios separada por puntos, del modo "PAQUETE.SUBPAQUETE. MODULO" en tantos niveles como constara el paquete.

Dado que puede llegar a ser muy engorroso manejar nombres tan largos, la cláusula import permite usar *alias*.

Un alias es un nombre que asignamos en una importación para reemplazar a la ruta del espacio de nombres. Su principal utilidad es poder usar nombres cortos y cómodos en lugar de largas rutas o nombres complejos. Para ello se añade el alias que queramos a la cláusula de importación, haciendo import MODULO as ALIAS.

Por ejemplo, podríamos haber importado los módulos de nuestro paquete "matematicas" de este modo:

```
#!/usr/bin/python
# -*- coding: utf-8 -*-
"""
usando el paquete de ejemplo "matematicas", con alias
"""

import matematicas.constantes as cons, matematicas.operaciones as ope

radio = 14

radio_cuadrado = ope.cuadrado(radio)

circunferencia = ope.multiplica(cons.pi, radio_cuadrado)

print circunferencia
```

Salida del programa:

```
615.75164
```

En este ejemplo vemos como podemos usar el alias cons en lugar de matematicas.constantes y ope en lugar de matematicas.operaciones.

9.3 LA LIBRERÍA ESTÁNDAR

Cualquier instalación de Python dispone de cientos de módulos (unos quinientos) ya preparados para ser importados y usados en nuestros *scripts*. Estos módulos incluyen desde herramientas para el tratamiento de datos hasta sistemas para el manejo de protocolos de red, pasando por operaciones matemáticas, herramientas de criptografía o funciones dependientes del sistema operativo.

Los módulos que usemos en un momento dado dependerán, naturalmente, de las necesidades del proyecto en el que estemos trabajando. Sin embargo, algunos de los módulos más usados serán, seguramente, algunos de los siguientes: el módulo os para interactuar con el sistema operativo, manipular rutas de archivos y ese tipo de cosas; sys para acceder a parámetros del propio intérprete de Python; random para generar números seudoaleatorios; re para el manejo de expresiones regulares; math, que contiene funciones para cálculos matemáticos; decimal para efectuar cálculos matemáticos sin las complicaciones del redondeo en coma flotante; el módulo sqlite, como interfaz con el sistema de bases de datos ligero *SQLite*; o Tkinter, del que hablaremos un poco más adelante, que sirve para crear interfaces gráficas de ventanas y botones.

Se puede encontrar un listado orientativo de todos los módulos de la librería estándar en un apéndice al final de este libro. Para obtener información detallada sobre cada uno de ellos y las funciones, variables y objetos que contienen, se puede usar el programa **pydoc** (que también es un módulo de la librería estándar de Python), escribiendo la orden pydoc nombre_del_módulo en la línea de comandos.

9.4 INSTALAR NUEVOS MÓDULOS Y PAQUETES

Si necesitamos instalar un módulo que no está disponible en la librería estándar, podemos hacerlo de varios modos.

Como hemos visto en los ejemplos anteriores, la forma más simple de instalar un módulo o un paquete es copiarlo al mismo directorio donde se encuentra el programa que necesita usarlo. Pero ahí solo será accesible por ese programa (y, naturalmente, los que se encuentren en ese mismo directorio), y normalmente es más interesante elegir una ubicación desde donde sea accesible a todos nuestros *scripts*.

Como hemos dicho antes, los directorios donde Python busca los módulos están en la lista sys.path. Si guardamos nuestro módulo en uno de los directorios indicados en esa lista, este será accesible para cualquier programa, independientemente del lugar de nuestro sistema donde esté instalado.

```
#!/usr/bin/python
# -*- coding: utf-8 -*-
"""
Imprime sys.path
"""

import sys

print sys.path
```

Salida del programa:

```
['/home/usuario', '/usr/lib/python2.7', '/usr/lib/python2.7/
plat-x86_64-linux-gnu',
 '/usr/lib/python2.7/lib-tk', '/usr/lib/python2.7/lib-old',
 '/usr/lib/python2.7/lib-dynload', '/usr/local/lib/python2.7/
dist-packages',
 '/usr/lib/python2.7/dist-packages', '/usr/lib/python2.7/
dist-packages/PILcompat',
 '/usr/lib/python2.7/dist-packages/gtk-2.0', '/usr/lib/pymod-
ules/python2.7']
```

El problema es que, a menudo, los módulos de terceros requieren de una instalación compleja, ya sea porque necesitan que otros módulos estén instalados para funcionar (a eso se llama *dependencia* de un módulo respecto a otro) o porque requieren de programas externos o tienen otros requisitos, y no basta con copiarlos en la ruta de sys.path.

Afortunadamente, los programadores de esos módulos los suelen acompañar de un programa de instalación que se ocupa de todo (o casi todo) lo necesario para instalar el módulo y sus dependencias. Estos módulos suelen estar también acompañados de un archivo (normalmente llamado *README* o algo parecido) con las instrucciones necesarias para su instalación.

Además, si estamos trabajando con Linux, normalmente es posible instalar la mayor parte de los módulos con el gestor de paquetes del propio sistema operativo (del mismo modo que instalamos Python al principio de este libro).

9.4.1 Python Package Index

Un lugar interesante para encontrar nuevos módulos es el Python Package Index: *https://pypi.python.org*.

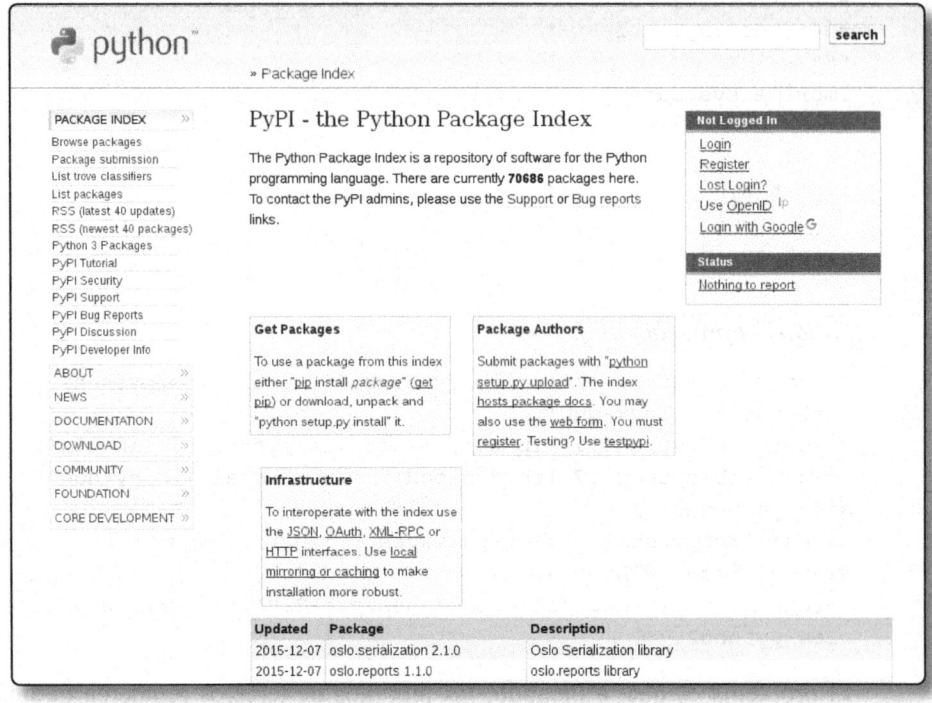

Figura 9.1. Python Package Index

El Python Package Index es un sitio web que mantiene un repositorio con casi siete mil paquetes y módulos de Python listos para descargar e instalar.

En el Python Package Index es posible buscar módulos por palabras clave, leer su descripción, ver instrucciones y ejemplos de uso, y descargar e instalar aquellos que deseemos.

Sin embargo, también es posible instalar módulos del Python Package Index desde la propia línea de comandos gracias a **pip**.

9.4.2 El módulo pip

El módulo **pip** forma parte de la librería estándar de Python, y nos ayuda a gestionar la instalación, mantenimiento, actualización y desinstalación de paquetes.

Instalar un paquete es tan simple como escribir `pip install nombre_del_módulo` en la línea de comandos de nuestro sistema operativo. Naturalmente, "nombre_del_módulo" debe ser el nombre del módulo que queremos instalar.

Por ejemplo, para instalar el módulo `PyMySQL3`, que sirve para acceder a bases de datos MySQL, deberíamos escribir lo siguiente:

```
pip install PyMySQL3
```

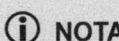 **NOTA**

En sistemas tipo UNIX será necesario ejecutar `pip` con permisos de root.

El programa **pip** se encarga de buscar el módulo que queremos instalar, descargarlo e instalarlo, junto con todas las dependencias que sean necesarias, de forma automática. Mientras lo instala (a veces puede tardar, dependiendo de la complejidad y del tamaño del módulo) `pip` va mostrando información detallada de los pasos que efectúa.

Pero, ¿cómo encontramos el módulo que necesitamos en primer lugar? Para ello `pip` dispone de la opción `search`, que permite buscar por términos en la base de datos del Python Package Index.

Por ejemplo, busquemos por el término *mysql*:

```
pip search mysql
```

Si queremos actualizar un paquete que ya está instalado, podemos hacerlo con `install`, del mismo modo que lo instalamos, pero añadiéndole el argumento `--update` de este modo:

```
pip install --update PyMySQL3
```

Por último, **pip** también permite desinstalar módulos con la opción `uninstall`:

```
pip uninstall PyMySQL3
```

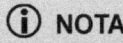 **NOTA**

Dado que debe conectarse a la base de datos del Python Package Index, `pip` necesita que tengamos una conexión a Internet para funcionar.

9.5 ¿QUÉ HEMOS VISTO EN ESTE TEMA?

Los módulos y paquetes y lo tremendamente útiles que son (Python no sería ni una centésima parte de lo potente que es sin ellos). Cómo crear nuestros propios módulos y paquetes y cómo instalar los de otros programadores.

9.5.1 Tareas sugeridas

✔ Convirtamos en módulos las funciones y clases que hemos estado haciendo hasta ahora, para que así sean realmente usables desde cualquier programa.

✔ En particular, esa biblioteca que estábamos creando con la clase "Libro" se puede convertir en un módulo, para usar tanto en un programa de gestión de una librería como en el de la biblioteca de un hogar.

✔ Probemos a usar **pydoc** para explorar algunos módulos de la librería estándar y ver lo que nos muestra. Seguramente acabe siendo una herramienta muy útil para descubrir nuevas posibilidades de Python.

10

TAREAS COMUNES

En este capítulo vamos a ver algunos ejemplos de tareas con Python simples pero útiles, que nos permitirán aumentar las posibilidades y dar flexibilidad a nuestros programas.

10.1 CADENAS CON FORMATO

Podemos formatear cadenas con distintos tipos de datos usando una plantilla que contenga marcadores que serán reemplazados por el contenido que queremos introducir.

 NOTA

Este formato es un estándar en varios lenguajes de programación, y es el mismo de la instrucción `printf` de C.

Los marcadores en una plantilla comienzan siempre con un símbolo de *porcentaje* (%). Por ejemplo, %s es el marcador que sirve para introducir una cadena:

```
#!/usr/bin/python

# -*- coding: utf-8 -*-
```

```
nombre = "Pablo"

cadena_formateada = "¡Hola %s!" % nombre

print cadena_formateada
```

Salida del programa:

```
¡Hola Pablo!
```

Como se ve en el ejemplo, el símbolo de porcentaje seguido del carácter "s" dentro del texto es un marcador, que indica que en ese lugar se introducirá un valor que será formateado como una cadena. Después del texto, y separado por otro símbolo de porcentaje ponemos el valor que queremos introducir.

Si el contenido no es una cadena, Python lo convertirá al introducirlo, de modo que nosotros no debemos preocuparnos de ello:

```
#!/usr/bin/python
# -*- coding: utf-8 -*-

print "Esto es una A: %s" % "A"
print "Esto es un tres: %s" % 3
print "Esto es una lista: %s" % [1, 2 , 3]
```

Salida del programa:

```
Esto es una A: A
Esto es un tres: 3
Esto es una lista: [1, 2, 3]
```

Podemos introducir en la plantilla tantos valores como queramos, poniéndolos entre paréntesis. Solo hay que recordar que el número de marcadores dentro de ella debe ser igual al número de valores que le proporcionemos a continuación.

```
#!/usr/bin/python
# -*- coding: utf-8 -*-

nombre1 = "Pablo"

nombre2 = "Lidia"

print "¡Hola, %s y %s!" % (nombre1, nombre2)
```

Salida del programa:

```
¡Hola, Pablo y Lidia!
```

Podemos fijar el ancho mínimo que ocupará el valor introducido en la plantilla indicándolo entre el signo de porcentaje y la letra "s". Si el texto es más corto, se completará con espacios en blanco delante de este. Si ponemos un número en negativo, los espacios en blanco se añadirán detrás del texto:

```
#!/usr/bin/python
# -*- coding: utf-8 -*-

meses = ["Enero","Febrero","Marzo","Abril","Mayo","Junio",
"Julio","Agosto","Septiembre","Octubre","Noviembre","Diciemb
re"]

for i in meses:
  print "* %10s * %-10s *" % (i,i)
```

Salida del programa:

```
*     Enero * Enero      *
*   Febrero * Febrero    *
*     Marzo * Marzo      *
*     Abril * Abril      *
*      Mayo * Mayo       *
*     Junio * Junio      *
*     Julio * Julio      *
*    Agosto * Agosto     *
* Septiembre * Septiembre *
*   Octubre * Octubre    *
* Noviembre * Noviembre  *
* Diciembre * Diciembre  *
```

Si necesitamos formatear números enteros, podemos hacerlo con %d:

```
#!/usr/bin/python
# -*- coding: utf-8 -*-

print "El lenguaje de programación %s nació en el año %d" %
("Python", 1991)
```

Salida del programa:

```
El lenguaje de programación Python nació en el año 1991
```

Si el número introducido no es un entero, se convertirá (quitándole los decimales si es necesario) antes de añadirlo a la cadena.

```
#!/usr/bin/python
# -*- coding: utf-8 -*-

hexadecimal = 0XA0
decimal = 10.5

print "El número hexadecimal es %d y el decimal es %d" %
(hexadecimal, decimal)
```

Salida del programa:

```
El número hexadecimal es 160 y el decimal es 10
```

Del mismo modo, usando %x o %X podemos representar números en notación hexadecimal, con los caracteres alfabéticos en mayúsculas o minúsculas, respectivamente. También podemos usar los códigos %e y %E para usar la notación exponencial y %o para mostrar el número en octal.

```
#!/usr/bin/python
# -*- coding: utf-8 -*-

numero = 1000

print "%d en hexadecimal (minúsculas) es %x" % (numero, numero)

print "%d en hexadecimal (mayúsculas) es %X" % (numero, numero)

print "%d en exponencial (minúsculas) es %e" % (numero, numero)

print "%d en exponencial (mayúsculas) es %E" % (numero, numero)
```

Salida del programa:

```
1000 en hexadecimal (minúsculas) es 3e8
1000 en hexadecimal (mayúsculas) es 3E8
1000 en exponencial (minúsculas) es 1.000000e+03
1000 en exponencial (mayúsculas) es 1.000000E+03
```

Para poner números con decimales se usa %f.

```
#!/usr/bin/python
# -*- coding: utf-8 -*-
```

```
tercio = 1.0 / 3

print "Un tercio (sin decimales) es %d" % tercio

print "Un tercio es %f" % tercio
```

Salida del programa:

```
Un tercio (sin decimales) es 0
Un tercio es 0.333333
```

Si tras el signo de porcentaje añadimos un punto seguido de un número y la letra "f", esto indicará el número máximo de dígitos decimales que queremos mostrar:

```
#!/usr/bin/python
# -*- coding: utf-8 -*-

tercio = 1.0 / 3

print "Un tercio es %f" % tercio

print "Un tercio es %.2f" % tercio
```

Salida del programa:

```
Un tercio es 0.333333
Un tercio es 0.33
```

(i) **NOTA**

Si las posibilidades de este modo de formatear cadenas nos resultan insuficientes, el módulo *string* de la librería estándar de Python posee métodos de formateo más avanzados.

10.2 MÓDULO MULTIUSO

Un caso bastante habitual es el de un *script* que puede ejecutarse independientemente, pero que también puede usarse como un módulo. En estos casos, a menudo, es necesario que el módulo ejecute ciertas tareas cuando es llamado independientemente (como, por ejemplo, leer los argumentos de la línea de comandos), pero no cuando se ejecuta como módulo importado.

Esto se consigue gracias a que, como ya vimos al hablar de los módulos, el atributo __name__ del módulo principal siempre es __main__.

```python
#!/usr/bin/python
# -*- coding: utf-8 -*-

def del_uno_al_cinco():
  print range(5)

if __name__ == '__main__':

  print "Soy un script"
  print "Esto no se muestra como módulo"

  del_uno_al_cinco()
```

Salida del programa:

```
Soy un script
Esto no se muestra como módulo
[0, 1, 2, 3, 4]
```

Este tipo de construcción también es útil si queremos evitar que un módulo se ejecute como *script* independiente.

10.3 INTERACCIÓN CON EL USUARIO

Hasta ahora, todos los ejemplos que hemos visto son estáticos y no permiten ningún tipo de interacción con el usuario.

raw_input() es una función que muestra un texto al usuario (si se le ha pasado alguno como argumento), y detiene la ejecución del programa mientras espera una respuesta del teclado.

raw_input() recogerá todo lo que se escriba en el teclado hasta que se pulse la tecla **ENTER**. El texto recibido (sin contar la pulsación de la tecla **ENTER**) será retornado por la función como una cadena de texto, que podemos usar o manipular como nos interese.

```python
#!/usr/bin/python
# -*- coding: utf-8 -*-

nombre = raw_input("Escriba su nombre, por favor: ")

print "Hola " + nombre
```

Salida del programa:

```
Escriba su nombre, por favor: Pablo
Hola Pablo
```

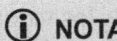 **NOTA**

La función *input()*, mucho menos usada (y desaconsejada), es muy similar a *raw_input()*, pero interpreta la entrada como si se tratase de código Python.

10.4 OBTENER PARÁMETROS DE LA LÍNEA DE COMANDOS

Otra forma útil de recibir datos del usuario es por medio de la línea de órdenes.

A menudo, los comandos o programas que se ejecutan en la línea de órdenes admiten *parámetros*. Por ejemplo, el comando de UNIX cp, que permite copiar un archivo, necesita que se le dé el nombre del archivo que se va a copiar y el del nuevo archivo. Esto se hace escribiendo algo como cp original.txt copia.txt. El programa toma los nombres de esos ficheros y opera sobre ellos.

Nuestros *scripts* en Python también pueden leer de la línea de órdenes. Para ello tenemos que usar el atributo argv del módulo sys, que será necesario importar. Python almacena en sys.argv una lista con los elementos de la línea de órdenes. El primero de estos elementos será el propio nombre del *script*, y el resto serán los parámetros que hayamos puesto a continuación.

Podemos verlo con el siguiente ejemplo, que recoge y muestra el contenido de sys.argv:

```
#!/usr/bin/python
# -*- coding: utf-8 -*-

import sys

numero_argumentos = len(sys.argv)

print "Argumentos (" + str(numero_argumentos) + "):"

for argumento in sys.argv:
  print '- ' + argumento
```

> *Salida del programa:*

```
Argumentos (1):
- test.py
```

La salida anterior se muestra si se ejecuta sin argumentos (asumiendo que el *script* se llama "`test.py`"). Si se ejecuta pasándole como argumentos los valores "argumento1" y "argumento2" del modo `test.py argumento1 argumento2`, la salida será la siguiente:

> *Salida del programa:*

```
- test.py
- argumento1
- argumento2
```

ⓘ NOTA

Para un manejo más avanzado de la línea de órdenes podemos usar el módulo `getop`.

10.5 INTERFAZ GRÁFICA CON TK

Todos los ejemplos de interacción con el usuario que hemos visto hasta ahora se ejecutan en línea de órdenes. Pero la forma más popular de hacerlo en los últimos tiempos es a través de una Interfaz de Usuario Gráfica (GUI, por sus siglas en inglés). Todos los sistemas operativos modernos cuentan con una serie de herramientas como ventanas, botones, menús desplegables, casillas de selección y otros elementos gráficos (conocidos globalmente como *widgets*) que sirven como una forma muy simple y a la vez intuitiva de interaccionar con los programas.

Como era de esperar, cualquier distribución de Python dispone de varios módulos que nos permiten crear interfaces gráficas y usarlas en nuestros *scripts*. La más popular de ellas es **Tkinter**.

Tkinter es la herramienta más usada para crear interfaces gráficas en Python. Posee clases para construir cualquier tipo de *widget*, como botones, entradas de texto o de contraseña, etiquetas, iconos e imágenes, y muchos más. Explicarlo detalladamente se encuentra más allá de las posibilidades de este libro, y aquí solo mostraremos un par de ejemplos, pero puede encontrarse mucha información en su página oficial: *http://tkinter.unpythonic.net/wiki/*.

El ejemplo más básico de uso de Tkinter es el de una ventana con el texto "Hola Mundo":

```
#!/usr/bin/python
# -*- coding: utf-8 -*-

import Tkinter

principal = Tkinter.Tk()

texto = Tkinter.Label(principal, text="Hola Mundo")

texto.pack()

principal.mainloop()
```

Tras importar la librería, creamos el gestor de la ventana usando `Tkinter.Tk()`. El objeto `Tkinter.Label()` es el que nos permite crear una etiqueta de texto, que tiene un método `pack()` al que luego llamaremos para "empaquetar" ese texto en la ventana.

Para finalizar, llamamos al método `mainloop()` para iniciar la ventana. Internamente, `mainloop()` mantiene un bucle de ejecución que recoge nuestras acciones sobre los distintos *widgets* y ejecuta las acciones que hayamos programado. Al detener este bucle (normalmente haciendo clic en el botón de **Cerrar ventana**), la ventana desaparece.

Figura 10.1. "Hola Mundo" en Tkinter

Normalmente, el orden típico al construir una interfaz en Tkinter es el mismo:

▼ Crear la ventana principal.

▼ Crear cada *widget* (algunos *widgets* pueden ir dentro de otros, lo que complica este paso un poco).

▼ Empaquetar los *widgets*.

▼ Iniciar el *mainloop*.

Un ejemplo un poco más complejo y con algo de interacción lo tenemos en el siguiente *script*, que genera una ventana con dos botones, los cuales activan sendas funciones para modificar el texto de otro *widget*:

```python
#!/usr/bin/python
# -*- coding: utf-8 -*-

import Tkinter

def saludar():
  texto['text'] = "Hola amigo"

def despedir():
  texto['text'] = "Hasta la vista"

# Ventana principal
principal = Tkinter.Tk()

# Título de la ventana
principal.wm_title("Programilla")

# Texto que se muestra
texto = Tkinter.Label(principal, text="Saluda")

# Botones
boton_saluda = Tkinter.Button(principal, text="Hola",
command=saludar)
boton_despide = Tkinter.Button(principal, text="Adios",
command=despedir)

texto.pack()
boton_saluda.pack()
boton_despide.pack()

principal.mainloop()
```

En este ejemplo, hemos asociado un par de funciones (`saludar()` y `despedir()`) a sendos botones, por medio del argumento `command` de los objetos `Button` para que, al pulsarlos, se ejecuten las acciones de cada una (en nuestro caso, simplemente cambiar un texto).

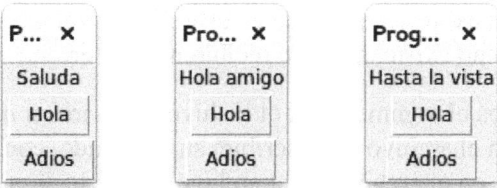

Figura 10.2. Ciclo de ejecución de nuestro programa

Como se puede comprobar, Tkinter se ocupa de colocar los distintos *widgets*, empaquetarlos en la ventana y ajustar el tamaño de cada uno de ellos de forma dinámica, incluso cuando el tamaño de alguno cambia.

Un detalle interesante de Tkinter es que usa los propios recursos del sistema operativo en el que se ejecuta para construir las ventanas, por lo que estas tienen una apariencia acorde con la del resto de aplicaciones de la interfaz gráfica en la que se encuentre.

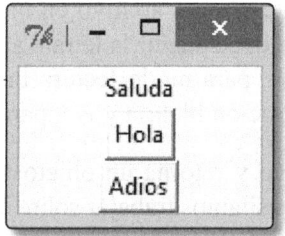

Figura 10.3. El mismo programa anterior, pero bajo Windows 8

10.6 MANEJO DE FICHEROS

Python nos permite acceder a los ficheros por medio de la función nativa `open()`.

Esta función admite como argumento una cadena conteniendo un nombre de fichero, y retorna un objeto `file`. La clase `file` es una clase predefinida de Python que dispone de métodos y atributos a través de los que podemos acceder, leer y manipular el contenido de un fichero.

Adicionalmente, `open()` admite un segundo argumento opcional en el que podemos indicar el modo de acceso al archivo.

Si el modo indicado es `r`, se accederá al archivo en modo lectura. Cualquier intento de escribir en el archivo retornará un error. Este es el modo por defecto y, si no tenemos intención expresa de escribir en el archivo, es el modo en el que debemos abrirlo. Si el archivo no existe, también recibiremos un error.

Si le pasamos el argumento `w`, el archivo se abrirá en modo escritura. Todo lo que escribamos en el archivo sobrescribirá su contenido, con lo que se perderá lo que ya hubiera antes en el archivo. Si el archivo que se le pasa como argumento no existe, será creado automáticamente.

Si el argumento es `a`, el archivo se abrirá en modo "actualización". Este es un modo similar al modo escritura, con la salvedad de que lo que escribamos en el archivo, en lugar de sobrescribir el contenido anterior, se añade a continuación de lo que ya hubiera. Igual que en el modo escritura, si el archivo no existe se crea uno nuevo.

Si se quiere abrir en modo lectura y escritura, se le debe pasar el argumento `r+`.

Los sistemas Windows diferencian entre archivos con contenido binario y de texto. Por defecto, `open()` abrirá el archivo en modo texto. Si se desea abrir el archivo en modo binario, se le debe añadir la letra `b` al final del argumento de modo; con lo que quedarían como `rb` para modo lectura binaria, `wb` para modo escritura binaria, `ab` para modo actualización binaria y `r+b` para lectura y escritura binaria.

`open()` abre el archivo y retorna un objeto `file`, pero no hace nada más. Para manipular el archivo necesitamos trabajar sobre el objeto que nos ha retornado.

El primer método que tenemos para ello es `read()`, que nos retorna el contenido del archivo.

Para ver esto, vamos a abrir un archivo de texto con el siguiente contenido, que guardaremos con el nombre de "`lista.txt`" y ubicaremos en el mismo directorio que nuestro *script*:

```
Primera línea
Texto un poco más largo en la segunda línea
esta es la Tercera
Cuarta línea
Y con esto ya es suficiente
```

Ahora vamos a escribir un pequeño programa que lea nuestro archivo y muestre su contenido:

```
#!/usr/bin/python
# -*- coding: utf-8 -*-

#Abrimos el fichero en modo lectura
fichero = open("lista.txt","r")

contenido = fichero.read()

print contenido

fichero.close()
```

Salida del programa:

```
Primera línea
Texto un poco más largo en la segunda línea
esta es la Tercera
Cuarta línea
Y con esto ya es suficiente
```

Al final de nuestro ejemplo hemos usado el método `close()`, que sirve para cerrar el fichero.

Este método se ocupa de que el fichero sea cerrado debidamente y de que se libere la memoria que ocupaba. Un fichero se cierra cuando ya no se va a usar más, y es especialmente importante hacerlo cuando se ha escrito en él, para asegurarnos de que todos los cambios se han guardado correctamente.

El método `read()` admite un número entero como argumento en el que se le indica el tamaño máximo de la entrada en *bytes*.

Para un acceso más cómodo tenemos el método `readline()`. Este método es muy parecido al anterior, con la diferencia de que retorna una línea del archivo cada vez que es llamado, hasta que llega al final del archivo.

```
#!/usr/bin/python
# -*- coding: utf-8 -*-

#Abrimos el fichero en modo lectura
fichero = open("lista.txt","r")

print fichero.readline()
```

```
print fichero.readline()
print fichero.readline()

fichero.close()
```

Salida del programa:

```
Primera línea

Texto un poco más largo en la segunda línea

esta es la Tercera
```

Naturalmente, readline() se puede usar dentro de un bucle para leer el archivo completo línea a línea.

Dado que cada línea del fichero termina en un retorno de carro, y la orden print añade otro, las líneas aparecen separadas en la salida de este programa.

Otra forma de acceder por líneas al contenido del fichero es con el método readlines(), que retorna una lista conteniendo cada una de las líneas del archivo.

```
#!/usr/bin/python
# -*- coding: utf-8 -*-

#Abrimos el fichero en modo lectura
fichero = open("lista.txt","r")

lista_lineas = fichero.readlines()

print lista_lineas[1]
print lista_lineas[3]
print lista_lineas[4]

fichero.close()
```

Salida del programa:

```
Texto un poco más largo en la segunda línea

Cuarta línea

Y con esto ya es suficiente
```

Pero, sin duda, el modo más simple y eficiente de obtener línea a línea el contenido de un fichero es acceder a él usando una interesante propiedad del objeto `file`:

```python
#!/usr/bin/python
# -*- coding: utf-8 -*-

#Abrimos el fichero en modo lectura
fichero = open("lista.txt","r")

for linea in fichero:

    print linea

fichero.close()
```

Salida del programa:

```
Primera línea

Texto un poco más largo en la segunda línea

esta es la Tercera

Cuarta línea

Y con esto ya es suficiente
```

En este ejemplo vemos como el objeto `file` actúa como un iterador que, en cada llamada, nos retorna la siguiente línea del archivo, por lo que se puede usar en un bucle `for` u otra estructura similar para obtener el contenido de dicho archivo.

Para escribir en un archivo (que debe haber sido abierto en modo escritura con w, a o r+) tenemos el método `write()`. Este método escribe cadenas de texto en el archivo, por lo que debemos tener en cuenta que cualquier otro tipo de dato debe ser convertido a cadena antes de poder ser usado.

```python
#!/usr/bin/python
# -*- coding: utf-8 -*-

un_texto = "Hola mundo"
otro_texto = "Adiós mundo"

# Abrimos el fichero en modo escritura
# Si el archivo ya existe, se borrará el contenido
```

```
fichero = open("nuevo.txt","w")

fichero.write(un_texto)
fichero.write(otro_texto)

fichero.close()
```

Si después de ejecutar este ejemplo abrimos el archivo "nuevo.txt", veremos lo siguiente:

```
Hola mundoAdiós mundo
```

Como podemos ver, el método write() añade al final del archivo el contenido que se le pasa como argumento. No introduce un retorno de carro (ni ningún otro signo) al final del contenido introducido por lo que, si queremos agregar contenido línea a línea, debemos recordar añadirlo expresamente (con el símbolo \n):

```
#!/usr/bin/python
# -*- coding: utf-8 -*-

# Abrimos el fichero en modo escritura
# Si el archivo ya existe, se borrará el contenido
fichero = open("nuevo.txt","w")

for i in range(1,5):

    texto = "Línea %i\n" % i

    fichero.write(texto)

fichero.close()
```

Tras ejecutar el programa de este ejemplo, el contenido del archivo "nuevo.txt" será el siguiente:

```
Línea 1
Línea 2
Línea 3
Línea 4
```

Otra forma de escribir en un archivo es con el método writelines(), que opera exactamente igual que write() pero con la diferencia de que nos permite añadir el contenido de una secuencia (como, por ejemplo, una lista) al archivo:

```
#!/usr/bin/python
# -*- coding: utf-8 -*-
```

```
mi_lista = ["Primera","Segunda","Tercera"]

#Abrimos el fichero en modo escritura
fichero = open("nuevo.txt","w")

fichero.writelines(mi_lista)

fichero.close()
```

Internamente, Python usa un puntero que indica la posición actual en el fichero para todas las operaciones de escritura. Es por eso que en cada llamada a write() se continúa por el mismo punto en que quedó en la anterior llamada. El valor en *bytes* de ese puntero en un momento dado puede obtenerse con el método tell().

Además, la posición del puntero puede ser modificada usando el método seek(). Este método admite dos argumentos. El primero (obligatorio) indica la posición en *bytes* en la que se situará el puntero. Como veremos enseguida, se pueden usar valores negativos para indicar esa posición.

El segundo argumento es opcional y puede valer 0, 1 o 2. Si es 0, la nueva posición del puntero se calculará desde el principio del archivo (este es el comportamiento por defecto). Si vale 2, se contará desde la posición *actual* del puntero. Y si es 3, se contará desde el final del archivo.

Si movemos el puntero a una posición que ya tiene contenido, este será sustituido por el nuevo cuando lo escribamos.

```
#!/usr/bin/python
# -*- coding: utf-8 -*-

# Abrimos el fichero en modo escritura
# Si el archivo ya existe, se borrará el contenido
fichero = open("nuevo.txt","w")

fichero.write("1234567890")

# movemos el puntero a 5 bytes
# desde el principio del fichero
fichero.seek(5)

fichero.write("XXX")

fichero.close()
```

Tras ejecutar este ejemplo, el fichero "`nuevo.txt`" contendrá lo siguiente:

```
12345XXX90
```

El método `truncate()` reduce el tamaño del archivo al número de *bytes* indicado como argumento. Si no se le indica ningún tamaño borra todo el contenido del archivo.

10.7 ¿QUÉ HEMOS VISTO EN ESTE TEMA?

Algunos aspectos prácticos que aplicar a nuestros programas, como diversas interfaces con el usuario, lectura y escritura de archivos o tratamiento de cadenas.

10.7.1 Tareas sugeridas

✓ Añadir interacción con el usuario abre un mundo de posibilidades. En especial Tkinter y las interfaces gráficas son una herramienta muy llamativa. Aunque en este libro no vamos a profundizar más, lo visto debería ser suficiente para empezar.

✓ Si nuestro módulo de biblioteca va viento en popa, quizás sería buena idea programar una interfaz para introducir libros en el programa.

✓ Claro que, bien mirado, no sirve de nada introducir los datos de nuestra biblioteca si se van a perder al cerrar el programa. ¿Qué tal si guardamos los libros en un archivo de texto, en forma de campos de texto separados por comas (CSV)?

✓ Para hacerlo más fácil, la librería estándar tiene un módulo especialmente diseñado para manejar archivos CSV.

Apéndice I

FUNCIONES Y CLASES NATIVAS

Python lleva incorporadas una serie de funciones que podemos usar y que no es necesario importar de ningún módulo.

Se enumeran aquí junto con una descripción de su funcionamiento. En el caso de las clases más habituales, especialmente en los tipos de datos, se han añadido sus principales métodos. Si es necesario, pueden verse más detalles en la propia ayuda de Python, con el programa **pydoc**, mediante la orden `pydoc nombre_de_la_función`.

▼ abs()

- *Uso*
  ```
  abs(x)
  ```

- *Descripción*
  Retorna el valor absoluto del número que se le pasa como argumento. Si es un número complejo, retorna su magnitud.

▼ all()

- *Uso*
  ```
  all(iterable)
  ```

- *Descripción*
  Retorna `True` si todos los elementos de `iterable` son `True` (o si el iterable está vacío).

any()

- *Uso*
  `any(iterable)`
- *Descripción*
  Retorna `True` si algún elemento de `iterable` es True. Si el `iterable` está vacío retorna `False`.

basestring()

- *Uso*
  `basestring()`
- *Descripción*
  Tipo de dato abstracto que sirve como superclase de `str` y `unicode`. No puede ser invocado o instanciado pero se puede usar para comprobar si un objeto es una instancia de `str` o `unicode`. `isinstance(objeto, basestring)` es equivalente a `isinstance(objeto, (str, unicode))`.

bin()

- *Uso*
  `bin(x)`
- *Descripción*
  Convierte un número entero en una cadena binaria.

class bool()

- *Uso*
  `bool()`
- *Descripción*
  Clase para el tipo de dato *booleano*. Puede valer `False` o `True`. Es una subclase de `int`.

class bytearray()

- *Uso*
  `bytearray([origen[, codificación[, errores]]])`

- *Descripción*
  Retorna un `bytearray`. Se trata de una secuencia mutable de *bytes* con un valor entre 0 y 255 (ambos incluidos). Admite la mayoría de los métodos del objeto `str`.

▼ callable()

- *Uso*
  `callable(object)`

- *Descripción*
  Retorna un valor `True` si el objeto es *callable* ("llamable") y `False` si no lo es. Son "llamables" las funciones, los métodos, las clases y, en general todo aquello que puede ser invocado, normalmente pasándole unos parámetros, para obtener un resultado. Como norma general, todo aquello cuyo nombre termina en paréntesis "()" es *callable*. No se pueden llamar, por ejemplo, las cadenas, las listas o las tuplas. Las instancias de una clase son "llamables" si tienen un método __call__ ().

▼ chr()

- *Uso*
  `chr(i)`

- *Descripción*
  Retorna una cadena con el carácter cuyo valor ASCII es el entero `i`, que debe estar en el rango [0...255]. Ver `unichr()`.

▼ classmethod()

- *Uso*
  `classmethod(function)`

- *Descripción*
  Retorna un método de clase para una función.
  Los métodos de clase reciben implícitamente la clase como primer parámetro (*class*), al igual que los métodos de los objetos reciben el propio objeto (*self*).
  @classmethod actúa como un decorador que, al pasar automáticamente la propia clase como parámetro, convierte la función a la que decora en un método de clase. Puede ser llamado tanto desde una clase como desde un objeto, pero el método creado será siempre de clase.

```
#!/usr/bin/python
# -*- coding: utf-8 -*-

class MiClase:

  variable = 10

  @classmethod
  def metodo(cls):
    return cls.variable

objeto = MiClase

print objeto.metodo()
```

Salida del programa:

```
10
```

▼ cmp()

- *Uso*
  ```
  cmp(x, y)
  ```

- *Descripción*

  Retorna un entero en función de la comparación de x e y. E valor retornado será positivo si x > y, negativo si x < y, y cero si x == y.

▼ compile()

- *Uso*
  ```
  compile(source, filename, mode[, flags[, dont_inherit]])
  ```

- *Descripción*

  Compila el código fuente que se le pasa como parámetro, en un formato ejecutable o en forma de AST. Un AST (*Abstract Syntax Tree*) es un diagrama en árbol (en modo texto) que resume la estructura sintáctica del código.

  Según el modo de compilación, el código puede ser ejecutado con la función exec() o evaluado con eval().

  El argumento filename debería contener el nombre del archivo del que procede el código, pero solo está ahí para algunos mensajes de error y, si el código no procede de ningún archivo, puede ponerse cadena vacía o un nombre arbitrario (se suele usar el texto <string>, entre comillas).

El argumento `mode` es una cadena de texto que especifica el tipo de código que se compilará (dependiendo del uso que queramos darle): "exec" para un bloque de código de tamaño arbitrario (y que podrá ser ejecutado con `exec()`), "eval" para una sola expresión (que puede ser usada para evaluarla con `eval()`), o "single" para compilar una sola sentencia (que también puede ejecutarse con `exec()`).

```python
#!/usr/bin/python
# -*- coding: utf-8 -*-

código = """
def funcion():
  print "Aquí pasan cosas"

funcion()
"""

compilado = compile(código,"","exec")

print compilado

exec(compilado)
```

Salida del programa:

```
<code object <module> at 0x7fec3dc68cb0, file "", line
2>
Aquí pasan cosas
```

▼ class complex()

- *Uso*
  ```
  complex([real[, imag]])
  ```

- *Descripción*
  Clase para los números complejos.

- *Métodos*
  conjugate() retorna el conjugado del número complejo.

▼ delattr()

- *Uso*
  ```
  delattr(object, name)
  ```

- *Descripción*
  Recibe como argumentos un objeto y el nombre de un atributo de ese objeto. Borra el atributo indicado de ese objeto (para la función opuesta, ver `setattr()`).

▼ **class dict()**

- *Uso*
  ```
  dict(kwarg)
  dict(mapping, kwarg)
  dict(iterable, **kwarg)
  ```

- *Descripción*
  Crea un diccionario.

- *Métodos*
  - `clear()` borra todos los elementos del diccionario.
  - `copy()` retorna una copia del diccionario.
  - `fromkeys(claves[,valores])` crea un diccionario a partir del iterable con las claves que se le pasan como argumento. Admite un segundo argumento opcional que se usará para asignar valores.
  - `get(clave[,defecto])` retorna el valor del diccionario indicado por la clave que se le pasa como argumento. Si no existe, devuelve `None` a menos que se asigne un valor por defecto como segundo argumento.
  - `has_key(clave)` retorna un valor *booleano* `True` si la clave pasada como argumento existe en el diccionario.
  - `items()` retorna las claves y valores del diccionario en forma de dos tuplas.
  - `iteritems()` es un iterador que retorna, uno a uno, los pares (clave, valor) del diccionario.
  - `iterkeys()` es un iterador que retorna, una a una, las claves del diccionario.
  - `itervalues()` es un iterador que retorna, uno a uno, los valores del diccionario.
  - `keys()` retorna una lista con las claves del diccionario.
  - `pop(clave[,defecto])` elimina la clave especificada y retorna el valor asociado. Si no existe, se genera un error `KeyError`, a menos que se haya asignado un segundo argumento con el valor a retornar por defecto.

— `popitem()` elimina del diccionario y retorna un par (clave, valor) en forma de tupla. Si el diccionario está vacío se genera un error `KeyError`.

— `setdefault(clave[,defecto])` retorna el valor del diccionario indicado por la clave que se le pasa como argumento. Si la clave no existe, la añade al diccionario asignándole el valor que se le pasa como segundo argumento o `Null` si este no existe.

— `update(diccionario)` añade elementos al diccionario a partir de uno o más diccionarios que se le pasan como argumento.

— `values()` retorna una lista con los valores del diccionario.

— `viewitems()` retorna un objeto tipo *set* con los pares (clave, valor) del diccionario.

— `viewkeys()` retorna un objeto tipo *set* con las claves del diccionario.

— `viewvalues()` retorna un objeto tipo *set* con los valores del diccionario.

▼ dir()

● *Uso*
`dir([object])`

● *Descripción*
Si se le pasa un objeto como parámetro, retorna una lista con los atributos de ese objeto ordenados alfabéticamente.
Si no se le pasa ningún argumento, retornará una lista (ordenada alfabéticamente) de todas las variables accesibles localmente (ver el capítulo dedicado a los espacios de nombres).

▼ enumerate()

● *Uso*
`enumerate(sequence, start=0)`

● *Descripción*
Retorna un objeto `enumerate`. El argumento `sequence` debe ser una secuencia (como una lista o una tupla), un iterador (como un generador) o algún otro tipo de objeto que soporte iteración.
El objeto `enumerate` retorna un iterador que, para cada elemento de la secuencia, contiene una tupla con un número y el propio elemento de la secuencia. El número se incrementa en cada elemento, con lo que actúa como un contador. En el argumento opcional `start` se puede indicar el número correspondiente a la primera tupla (por defecto es cero).

```
#!/usr/bin/python
# -*- coding: utf-8 -*-

lista = ["uno", "dos", "tres", "cuatro"]

enumeracion = enumerate(lista)

print enumeracion

print list(enumeracion)
```

Salida del programa:

```
<enumerate object at 0x7f2899c81780>
[(0, 'uno'), (1, 'dos'), (2, 'tres'), (3, 'cuatro')]
```

▸ eval()

- *Uso*

```
eval(expression[, globals[, locals]])
```

- *Descripción*

Evalúa la expresión pasada como argumento y retorna el resultado. El argumento globals, si se usa, debe ser un diccionario con los nombres globales. locals puede ser cualquier objeto de tipo *mapping* (normalmente otro diccionario).

La expresión pasada como argumento debe ser una cadena que será interpretada como código Python, usando globals y locals como espacios de nombres global y local respectivamente. Si no se pasa ningún espacio de nombres se usará el mismo donde se encuentre la propia función eval().

Esta función también puede ejecutar un objeto de código como el generado por compile().

```
#!/usr/bin/python
# -*- coding: utf-8 -*-

instruccion = "5 + 6"

print eval(instruccion)
```

Salida del programa:

```
11
```

▼ **execfile()**

● *Uso*
```
execfile(filename[, globals[, locals]])
```

● *Descripción*
Interpreta el código contenido en el archivo cuyo nombre se le pasa como parámetro y retorna el resultado. Los argumentos pasados en globals y locals son opcionales, y consisten en sendos diccionarios que se usarán como espacio de nombres global y local respectivamente. Si no se pasa ningún espacio de nombres se usará el mismo donde se encuentre la propia función.

▼ **file()**

● *Uso*
```
file(name[, mode[, buffering]])
```

● *Descripción*
Función constructora para el tipo file. Acepta los mismos argumentos que la función open().
Es recomendable usar la función open() en lugar de file().

▼ **filter()**

● *Uso*
```
filter(function, iterable)
```

● *Descripción*
Recibe una función y un iterable como argumentos, y retorna una lista de elementos a partir del iterable, filtrándolo por medio de la función. Si la función retorna un valor True para un elemento del iterable, este es retornado. Si el iterable es una cadena o una tupla, filter() retornará el mismo tipo. En caso contrario retornará una lista.

```python
#!/usr/bin/python
# -*- coding: utf-8 -*-

def filtra(dato):
  if dato > 5:
    return True
  else:
    return False

salida = filter(filtra,[1,7,9,3,5,9,10,3,1,4,11])

print salida
```

> *Salida del programa:*

```
[7, 9, 9, 10, 11]
```

▼ class float()

- *Uso*

  ```
  float(x)
  ```

- *Descripción*

  Clase para los números en coma flotante.

- *Métodos*

  - `as_integer_ratio()` retorna una tupla con un par de números enteros tales que el primero, dividido por el segundo, dé como resultado el número en coma flotante original.

  - `fromhex(cadena)` crea un nuevo número en coma flotante a partir de una cadena que contenga su representación hexadecimal.

  - `hex()` retorna una cadena con la representación hexadecimal del número.

  - `is_integer()` retorna un valor *booleano* `True` si el número es entero.

▼ format()

- *Uso*

  ```
  format(value[, format_spec])
  ```

- *Descripción*

  Convierte el argumento `value` en una representación "formateada" según lo indicado en `format_spec`. Lo que significa concretamente que `format_spec` depende del tipo de `value`. Esta función es usada por varias funciones de manipulación de tipos, y no es normal llamarla directamente.

▼ class frozenset()

- *Uso*

  ```
  frozenset([iterable])
  ```

- *Descripción*

  Retorna un objeto *frozenset*.

- *Métodos*

> (i) **NOTA**
>
> Los métodos son los mismos de `set`, omitiendo aquellos que hacen modificaciones.

- `copy()` retorna una copia del *set*.
- `difference()` retorna un *set* con los elementos que existen en el *set* original, pero no con los que se pasan como argumento.
- `intersection()` retorna un *set* con los elementos comunes que existen en ambos.
- `isdisjoint()` retorna un valor *booleano* `True` si dos *sets* no contienen ningún elemento común.
- `issubset()` retorna un valor *booleano* `True` si el *set* pasado como argumento contiene al *set* original.
- `issuperset()` retorna un valor *booleano* `True` si el *set* original contiene al *set* pasado como argumento.
- `symmetric_difference()` retorna un *set* con los elementos que existen en uno u otro de ellos, pero no en ambos.
- `union()` retorna un *set* con la unión de este y de los que se le pasan como parámetros.

▼ **getattr()**

- *Uso*
  ```
  getattr(object, name[, default])
  ```

- *Descripción*
  Retorna el valor del atributo indicado en `name` del objeto `object`. Admite un argumento `default` que contenga el valor retornado si el atributo no existe.

▼ **globals()**

- *Uso*
  ```
  globals()
  ```

- *Descripción*
  Retorna un diccionario con la actual tabla de símbolos globales.

▼ **hasattr()**

- *Uso*
  ```
  hasattr(object, name)
  ```

- *Descripción*
  Retorna un valor `True` si la cadena pasada en el argumento `name` es el nombre de un atributo perteneciente al objeto `object` y `False` si no lo es.

hash()

- *Uso*
  `hash(object)`
- *Descripción*
  Retorna un entero con el valor *hash* de un objeto, si es que lo tiene. Se suele usar para comparaciones rápidas entre claves de diccionarios. Iguales valores numéricos siempre tienen el mismo *hash*, incluso si son tipos distintos (como 1 y 1.0).

help()

- *Uso*
  `help([object])`
- *Descripción*
  Invoca al sistema de ayuda de Python.
  Si se llama sin el argumento se iniciará en modo interactivo. Si se le pasa una cadena como argumento buscará ese concepto y, si es posible, mostrará un texto con información. Esta función puede usarse en un *script*, pero está principalmente concebida para su uso interactivo.

hex()

- *Uso*
  `hex(x)`
- *Descripción*
  Convierte un número entero en una cadena conteniendo ese mismo número en formato hexadecimal.

id()

- *Uso*
  `id(object)`
- *Descripción*
  Retorna el identificador (id) del objeto (el nombre interno por el que se referencia a ese objeto) que se pasa como parámetro. Consiste en un entero o entero largo que es único para ese objeto. Si, por ejemplo, dos variables referencian a un mismo objeto, tendrán el mismo identificador.

input()

- *Uso*

  `input([prompt])`

- *Descripción*

  Muestra el texto que se le pasa como argumento (si lo hay) y espera una entrada del teclado. Esta entrada consistirá en todo lo que teclee el usuario hasta que pulse la tecla **ENTER** (sin contar la propia tecla ENTER).

  El intérprete espera que la entrada sea en lenguaje Python sintácticamente válido, y tratará de evaluarla (si está entre comillas, lo considerará una cadena; si es un texto sin comillas, buscará una variable de ese nombre; si es un número, lo interpretará como tal; si es una sentencia, tratará de ejecutarla, etc.). Retorna el resultado de evaluar la expresión.

  Es equivalente a `eval(raw_input(prompt))`.

  El uso de esta función es bastante limitado y, normalmente, la función `raw_input()` es más adecuada.

class int()

- *Uso*

  `int(x=0)`

  `int(x, base=10)`

- *Descripción*

  Clase para los números enteros.

- *Métodos*

  - `bit_length()` retorna el número de bits necesarios para representar el número.

isinstance()

- *Uso*

  `isinstance(object, classinfo)`

- *Descripción*

  Retorna un valor `True` si el objeto pasado como argumento es una instancia de la clase indicada o de una subclase de esta.

issubclass()

- *Uso*

  `issubclass(class, classinfo)`

- *Descripción*

  Retorna un valor `True` si la clase pasada como primer argumento es una instancia de la clase indicada en el segundo o de una subclase de esta.

▶ **iter()**

- *Uso*

  `iter(o[, sentinel])`

- *Descripción*

  Acepta un iterable como argumento y retorna un iterador.

▶ **len()**

- *Uso*

  `len()`

- *Descripción*

  Retorna la longitud de una secuencia o colección. Se define "longitud" como el número de elementos de esa secuencia (cadenas, tuplas, listas, rangos o *bytes*) o colección (diccionarios, *sets*, o *frozensets*).

▶ **class list()**

- *Uso*

  `list([iterable])`

- *Descripción*

  Retorna una lista con los elementos de `iterable`.

- *Métodos*

  - `append(elemento)` agrega un nuevo elemento al final de la lista.

  - `count(elemento)` retorna el número de veces que aparece el elemento indicado en la lista.

  - `extend(secuencia)` añade los elementos de la secuencia indicada (por ejemplo, otra lista o tupla) a la lista.

  - `index(elemento)` retorna el índice de la primera aparición en la lista del elemento indicado. Se genera un error `ValueError` si el elemento no se encuentra.

  - `insert(posición, elemento)` inserta el objeto en la posición de la lista indicada.

  - `pop(elemento)` elimina y retorna el elemento de la lista indicado. Si no se indica ninguno, usa el último de la lista.

      — `remove(elemento)` elimina el elemento indicado de la lista.

      — `reverse()` invierte el orden de los elementos de la lista.

      — `sort()` ordena los elementos de la lista. Si se le pasa una función como parámetro, usará esa función como criterio de ordenación.

▼ **locals()**

- *Uso*
  ```
  locals()
  ```

- *Descripción*
  Actualiza y retorna un diccionario con la actual tabla de símbolos locales.

▼ **class long()**

- *Uso*
  ```
  long(x=0)
  long(x, base=10)
  ```

- *Descripción*
  Clase para los números enteros largos.

- *Métodos*

  — `bit_length()` retorna el número de bits necesarios para representar el número.

▼ **map()**

- *Uso*
  ```
  map(function, iterable, ...)
  ```

- *Descripción*
  Aplica la función que se le pasa como argumento a cada elemento del iterable, y retorna una lista con los resultados. Si se le pasa más de un iterable, la función procesará simultáneamente un elemento de cada uno de los iterables. Para ello, lógicamente, debe admitir tantos argumentos como iterables se le pasen a `map()`. Si un iterable tiene menos elementos, se asumirá que el resto contiene el valor `None`. Si la función retorna más de un resultado, `map()` retornará una lista de tuplas con tantos elementos por tupla como resultados retorne la función.

```
#!/usr/bin/python
# -*- coding: utf-8 -*-

def filtra(a, b):
  return a + b

salida = map(filtra,[1,2,3],[10,20,30])

print salida
```

Salida del programa:

```
[11, 22, 33]
```

max()

- *Uso*

  `max(iterable[, key])`

  `max(arg1, arg2, *args[, key])`

- *Descripción*

  Retorna el mayor elemento de entre los de un iterable o de entre los provistos en dos o más argumentos.
  En el argumento opcional `key` se puede indicar una función que actúe como comparador.

memoryview()

- *Uso*

  `memoryview(obj)`

- *Descripción*

  Retorna un objeto *memoryview* (un *buffer* de memoria de solo lectura de la API de C) a partir del argumento.

min()

- *Uso*

  `min(iterable[, key])`

  `min(arg1, arg2, *args[, key])`

- *Descripción*

  Retorna el menor elemento de entre los de un iterable o de entre los provistos en dos o más argumentos.
  En el argumento opcional `key` se puede indicar una función que actúe como comparador.

▼ next()

- *Uso*
  ```
  next(iterator[, default])
  ```

- *Descripción*

- *Uso*
  ```
  abs(x)
  ```

- *Descripción*
  Retorna el siguiente elemento del iterador que se le pasa como parámetro. El argumento opcional `default` contiene lo que se retornará por defecto si el iterador no contiene más elementos.

▼ class object()

- *Uso*
  ```
  object()
  ```

- *Descripción*
  Clase base para todos los objetos *New Style*. Si uno de estos objetos no tiene superclase, su superclase es `object`.

▼ oct()

- *Uso*
  ```
  oct(x)
  ```

- *Descripción*
  Convierte un entero en una cadena con su valor en base octal.

▼ open()

- *Uso*
  ```
  open(name[, mode[, buffering]])
  ```

- *Descripción*
  Abre el fichero cuyo nombre se le pasa como parámetro y retorna un objeto `file`. El argumento `mode` debe ser una cadena que indique el modo en el que se abre el fichero:

  ```
  "r": lectura (valor por defecto).
  "w" escritura (si el archivo ya existe se sobrescribirá
  su contenido).
  "a" escritura (si el archivo ya existe se añadirá el
  nuevo contenido al final de este).
  ```

Por defecto, el fichero se abrirá en modo texto, adaptando los retornos de carro a la plataforma. Para abrir el fichero en modo binario se debe agregar "b" al carácter del modo, con lo que quedarían respectivamente así: "rb", "wb" y "ab".

(i) **NOTA**

La diferencia entre "modo texto" y "modo binario" solo tiene sentido en sistemas Windows.

Para abrir el archivo como lectura y escritura se debe usar "r+" en modo texto o "r+b" en modo binario.

El argumento opcional `buffering` especifica el tamaño de *buffer* del fichero deseado: 0 significa sin *buffer*, 1 significa línea a línea y otros valores indican le tamaño del *buffer* en *bytes*.

▼ ord()

- *Uso*
  ```
  ord(c)
  ```

- *Descripción*
  Recibe como parámetro una cadena conteniendo un solo carácter, y retorna un entero con el código Unicode correspondiente a ese carácter. Si el carácter es de 8 bits retornará su valor ASCII.
  Es la función inversa de `chr()` para caracteres de 8 bits y de `unichr()` para caracteres Unicode.

▼ pow()

- *Uso*
  ```
  pow(x, y[, z])
  ```

- *Descripción*
  Retorna el número contenido en el primer argumento elevado al del segundo argumento. Si hay un tercero, se usa como módulo.

▼ range()

- *Uso*
  ```
  range(stop)
  range(start, stop[, step])
  ```

- *Descripción*
  Retorna una lista de números en progresión aritmética.

Acepta de uno a tres números enteros como argumentos. Si solo se le pasa un argumento, este será el número en el que se detiene la progresión (sin incluir el propio número) y la progresión comenzará desde cero. Si se pasan dos enteros como argumentos, el primero de ellos será el número desde el que se empieza y el segundo el final (de nuevo, no incluido). Si se le pasa un tercer argumento, este será la cifra en la que se incrementa el valor de cada elemento de la progresión. Su principal uso es como contador en bucles.

▼ raw_input()

- *Uso*

```
raw_input([prompt])
```

- *Descripción*

Muestra el texto que se le pasa como argumento (si lo hay) y espera una entrada del teclado. Esta entrada consistirá en todo lo que teclee el usuario hasta que pulse la tecla **ENTER** (sin contar la propia tecla ENTER). Retorna una cadena con el texto introducido.

```
#!/usr/bin/python
# -*- coding: utf-8 -*-

nombre = raw_input("Escribe tu nombre: ")

print "Hola " + nombre
```

Salida del programa:

```
Escribe tu nombre: Bruce Wayne
Hola Bruce Wayne
```

▼ reduce()

- *Uso*

```
reduce(function, iterable[, initializer])
```

- *Descripción*

Aplica la función pasada como primer argumento (que debe aceptar dos parámetros y retornar un resultado) acumulativamente de izquierda a derecha a los elementos del iterable, hasta que quede un solo resultado, que será el que se retorne. Es decir, primero se aplica a los dos primeros elementos, luego al resultado de esto y al segundo elemento, después al resultado de esta segunda reducción y al tercero, etc. Si en el iterable hay un solo elemento, reduce() retornará ese elemento.

Si existe el argumento `initializer`, este se usará como primer elemento.

```
#!/usr/bin/python
# -*- coding: utf-8 -*-

def concatena(a, b):

  return a + "-" + b

salida = reduce(concatena,["1","2","3","4","5"])

print salida
```

Salida del programa:

```
1-2-3-4-5
```

- **reload()**
  - *Uso*

    `reload(module)`
  - *Descripción*

    Vuelve a cargar el módulo que se pasa como argumento, que debe haber sido importado previamente.

- **repr()**
  - *Uso*

    `repr(object)`
  - *Descripción*

    Retorna una cadena con la representación textual del objeto pasado como argumento (el mismo efecto se produce usando las comillas invertidas "`").

```
#!/usr/bin/python
# -*- coding: utf-8 -*-

lista = ["uno", "dos"]

print `lista`

print repr(lista)

print repr(raw_input)
```

Salida del programa:

```
['uno', 'dos']
['uno', 'dos']
<built-in function raw_input>
```

▼ reversed()

- *Uso*

```
reversed(seq)
```

- *Descripción*

Retorna un iterador con el contenido de la secuencia `seq` invertida. `seq` debe ser un objeto con un método `__reversed__()` (como, por ejemplo, una lista).

```python
#!/usr/bin/python
# -*- coding: utf-8 -*-

lista = ["uno", "dos", "tres"]

for x in reversed(lista):
    print x
```

Salida del programa:

```
tres
dos
uno
```

▼ round()

- *Uso*

```
round(number[, ndigits])
```

- *Descripción*

Retorna un número en coma flotante con el número pasado como argumento, con la parte decimal redondeada al número de dígitos indicado en `ndigits` (o sin decimales, por defecto).

▼ class set()

- *Uso*

```
set([iterable])
```

- *Descripción*

Retorna un objeto `set`.

- *Métodos*
  - `add()` añade un elemento al *set*.
  - `` `clear() `` elimina todos los elementos del *set*.
  - `copy()` retorna una copia del *set*.
  - `difference()` retorna un *set* con los elementos que existen en el *set* original, pero no con los que se pasan como argumento.
  - `difference_update()` actualiza el *set* con los elementos que existan en él pero no con los que se pasan como argumento.
  - `discard(...)` elimina un elemento del *set*. Si no existe, no ocurre nada.
  - `intersection()` retorna un *set* con los elementos comunes que existen en ambos.
  - `intersection_update()` actualiza el *set* con los elementos comunes que existen en ambos.
  - `isdisjoint()` retorna un valor *booleano* `True` si dos *sets* no contienen ningún elemento común.
  - `issubset()` retorna un valor *booleano* `True` si el *set* pasado como argumento contiene al *set* original.
  - `issuperset()` retorna un valor *booleano* `True` si el *set* original contiene al *set* pasado como argumento.
  - `pop()` elimina y retorna un elemento del *set*. En caso de que no exista, se genera un `KeyError`.
  - `remove()` elimina un elemento del *set*. En caso de que no exista, se genera un `KeyError`.
  - `symmetric_difference()` retorna un *set* con los elementos que existen en uno u otro de ellos, pero no en ambos.
  - `symmetric_difference_update()` actualiza el *set* con los elementos que existen en uno u otro de ellos, pero no en ambos.
  - `union()` retorna un *set* con la unión de este y de los que se le pasan como parámetros.
  - `update()` actualiza el *set* con la unión de este y de los que se le pasan como parámetros.

▼ **setattr()**

- *Uso*
```
setattr(object, name, value)
```

● *Descripción*
Asigna al atributo de nombre `name` del objeto `objet` el valor `value`. Si el atributo no existe, se crea con ese nombre.
Es la función opuesta a `delattr()`.

▼ class slice()

● *Uso*
```
slice(stop)
slice(start, stop[, step])
```

● *Descripción*
Retorna un objeto `slice`, que extiende la funcionalidad de los *slices* de secuencias.

▼ sorted()

● *Uso*
```
sorted(iterable[, cmp[, key[, reverse]]])
```

● *Descripción*
Retorna una lista ordenada con los elementos del iterable que se pasa como argumento.
En el argumento opcional `cmp` se puede asignar una función que sirva para el ordenamiento. Esta función debe aceptar dos argumentos (los elementos a comparar) y retornar un valor positivo, cero o negativo si el primer elemento es mayor, igual o menor que el segundo, respectivamente.
El argumento `key` puede usarse para asignar una función que acepte un solo argumento y que retorne la clave de comparación para cada elemento.
`reverse` es un valor *booleano*. Si es `True` los elementos serán devueltos en orden inverso.

▼ staticmethod()

● *Uso*
```
staticmethod(function)
```

● *Descripción*
Retorna un método estático para la función `function`.
Un método estático es el que no recibe un primer parámetro por defecto, ni de clase (*class*) ni de objeto (*self*).

```
@staticmethod se usa como un decorador.
#!/usr/bin/python
# -*- coding: utf-8 -*-

class MiClase:

  @staticmethod
  def metodo(entrada):
    return entrada

objeto = MiClase

print objeto.metodo(5)
```

Salida del programa:

5

De este modo, el método no recibe `self` como primer parámetro.

▼ class str()

- *Uso*

  `str(object='')`

- *Descripción*

  Retorna una cadena con una representación del objeto que se le pasa como argumento.

- *Métodos*

  — `capitalize()` retorna una copia de la cadena con la primera letra en mayúscula.

  — `center(ancho[, careacter_de_espacio])` retorna la cadena ampliada al ancho especificado en `ancho`; el espacio sobrante se rellena por ambos lados con espacios en blanco o, si se proporciona, con el carácter indicado en el atributo opcional `careacter_de_espacio`.

  — `count(subcadena[, inicio[, fin]])` retorna un entero con el número de veces que aparece `subcadena` contenido en la cadena. Opcionalmente, se puede añadir el principio y el fin del segmento de la cadena donde se buscará (usando el mismo formato que para el *slicing*).

  — `decode([codificación[,errores]])` decodifica la cadena usando la codificación indicada en el primer argumento. Si no se indica ninguna, se usará la codificación por defecto del sistema. El segundo puede ser usado para indicar el tipo de mensajes de error que se quiere recibir cuando un carácter no es reconocido, y puede ser uno de los siguientes:

- "strict" devolverá un `ValueError`. Es la opción por defecto si no se indica nada.

- "ignore" ignorará el carácter y continuará por el siguiente.

- "replace" usará un carácter de reemplazo.

La (muy extensa) lista de codificaciones posibles puede encontrarse en esta dirección: *https://docs.python.org/2/library/codecs.html#standard-encodings*.

— `encode([codificación[,errores]])` decodifica la cadena usando la codificación indicada en el primer argumento. Si no se indica ninguna, se usará la codificación por defecto del sistema. El segundo puede ser usado para indicar el tipo de mensajes de error que se quiere recibir cuando un carácter no es reconocido, y puede ser uno de los siguientes:

- "strict" devolverá un `UnicodeEncodeError`. Es la opción por defecto si no se indica nada.

- "ignore" ignorará el carácter y continuará por el siguiente.

- "replace" usará un carácter de reemplazo.

La (muy extensa) lista de codificaciones posibles puede encontrarse en esta dirección: *https://docs.python.org/2/library/codecs.html#standard-encodings*.

— `endswith(final[, inicio[, fin]])` retorna un valor *booleano* `True` si la cadena termina con la cadena indicada en `final` (que también puede ser una tupla de cadenas) y un valor `False` si no lo hace. Se puede indicar opcionalmente el inicio y fin de la posición en la que se comparará.

— `expandtabs([tamaño])` retorna una copia de la cadena donde todos los caracteres "tabulador" han sido convertidos a series de espacios. El atributo opcional indica el número de espacios que se usarán; si no se provee, se usará 8 como valor por defecto.

— `find(subcadena[, inicio[, fin]])` retorna el índice de la primera aparición en la cadena de la subcadena indicada. Opcionalmente, se puede añadir el principio y el fin del segmento de la cadena donde se buscará (usando el mismo formato que para el *slicing*). Si la subcadena no aparece, retorna -1.

— `format(*args, **kwargs)` retorna una versión formateada de la cadena, usando sustituciones, identificadas por llaves ({}), que se asignen en los argumentos *args* y *kwargs*.

ⓘ NOTA

Puede encontrarse una referencia de este lenguaje de formateo de cadenas en la dirección: *https://docs.python.org/2/library/string.html#formatstrings*.

— `index(subcadena[, inicio[, fin]])` tiene el mismo uso que `find()`, pero retorna un error `ValueError` si la subcadena no es encontrada.

— `isalnum()` retorna un valor *booleano* `True` si todos los caracteres de la cadena son alfabéticos. En caso contrario, retorna Falso.

— `isdigit()` retorna un valor *booleano* `True` si todos los caracteres de la cadena son numéricos. En caso contrario, retorna Falso.

— `islower()` retorna un valor *booleano* `True` si todos los caracteres de la cadena están en minúsculas. En caso contrario, retorna Falso.

— `isspace()` retorna un valor *booleano* `True` si todos los caracteres de la cadena son espacios en blanco. En caso contrario, retorna Falso.

— `istitle()` retorna un valor *booleano* `True` si las palabras de la cadena están escritas en minúsculas, salvo la primera letra de cada palabra, que debe estar en mayúsculas. En caso contrario, retorna Falso.

— `isupper()` retorna un valor *booleano* `True` si todos los caracteres de la cadena están en mayúsculas. En caso contrario, retorna Falso.

— `join(iterable)` usa la cadena como separador para concatenar las cadenas contenidas en el iterable que se le proporciona.

— `ljust(ancho[, careacter_de_espacio])` retorna la cadena ampliada al ancho especificado en `ancho`. El espacio sobrante se rellena por la derecha con espacios en blanco o, si se proporciona, con el carácter indicado en el atributo opcional `careacter_de_ espacio`.

— `lower()` retorna una copia de la cadena en minúsculas.

- `lstrip()` retorna una copia de la cadena a la que se le han eliminado todos los espacios en blanco del principio. Si se le aporta otro carácter como argumento, eliminará ese en lugar del espacio.

- `partition(separador)` busca la cadena indicada en `separador` y retorna una tupla con la forma ("principio de la cadena", "separador", "fin de la cadena"). Si el separador aparece más de una vez, se cortará por la primera empezando por la izquierda.
Si no encuentra el separador, tanto el principio como el final que retorna serán cadenas vacías (pero sí retornará el separador).

- `replace(original, reemplazo[, contador])` retorna una copia de la cadena con todas las apariciones de la cadena aportada en `original` reemplazadas por la cadena `reemplazo`. Admite un tercer argumento opcional `contador` que indica el número máximo de sustituciones que se harán.

- `rfind(subcadena[, inicio[, fin]])` actúa igual que `find`, pero empieza a buscar por la derecha.

- `rindex(subcadena[, inicio[, fin]])` tiene el mismo uso que `rfind()`, pero retorna un error `ValueError` si la subcadena no es encontrada.

- `rjust(ancho[, careacter_de_espacio])` retorna la cadena ampliada al ancho especificado en `ancho`; el espacio sobrante se rellena por la izquierda con espacios en blanco o, si se proporciona, con el carácter indicado en el atributo opcional `careacter_de_espacio`.

- `rpartition(separador)` busca la cadena indicada en `separador` y retorna una tupla con la forma ("principio de la cadena", "separador", "fin de la cadena"). Si el separador aparece más de una vez, se cortará por la primera empezando por la derecha.
Si no encuentra el separador, tanto el principio como el final que retorna serán cadenas vacías (pero sí retornará el separador).

- `rsplit([separador [,máximo]])` retorna una lista de cadenas, producto de dividir de derecha a izquierda la cadena usando como delimitador los espacios en blanco o, si se le proporciona, usando la cadena contenida en `separador`. Opcionalmente, se le puede dar el número máximo de elementos que tendrá esa lista.

- `rstrip()` retorna una copia de la cadena a la que se le han eliminado todos los espacios en blanco del final. Si se le aporta otro carácter como argumento, eliminará ese en lugar del espacio.

— `split([separador [,máximo]])` retorna una lista de cadenas, producto de dividir de izquierda a derecha la cadena usando como delimitador los espacios en blanco o, si se le proporciona, usando la cadena contenida en `separador`. Opcionalmente, se le puede dar el número máximo de elementos que tendrá esa lista.

— `splitlines()` retorna una lista con cada una de las líneas contenidas en la cadena.

— `startswith(inicio[, inicio[, fin]])` retorna un valor *booleano* `True` si la cadena comienza con la cadena indicada en `inicio` (que también puede ser una tupla de cadenas) y un valor `False` si no lo hace. Se puede indicar opcionalmente el inicio y fin de la posición en la que se comparará.

— `strip()` retorna una copia de la cadena a la que se le han eliminado todos los espacios en blanco del principio. Si se le aporta otro carácter como argumento, eliminará ese en lugar del espacio.

— `swapcase()` retorna una copia de la cadena con todas las minúsculas en mayúsculas y viceversa.

— `title()` retorna una copia de la cadena en minúsculas, pero con la primera letra de cada palabra en mayúsculas.

— `translate(tabla [,borrar])` devuelve una copia de la cadena con los caracteres mapeados a través de la tabla de traducción asignada en `tabla`. Los caracteres que se incluyan en el argumento opcional `borrar` serán eliminados. Se puede asignar el valor `None` a la tabla en el primer argumento para simplemente borrar los caracteres deseados con el segundo argumento.

La tabla de traducción debe ser una cadena de 256 caracteres, y puede ser creada mediante la función `maketrans()` del módulo `string`.

— `upper()` retorna una copia de la cadena en mayúsculas.

— `zfill(ancho)` amplia una cadena numérica hasta el tamaño indicado en `ancho`, y rellena el espacio restante con ceros a la izquierda.

▼ sum()

- *Uso*
```
sum(iterable[, start])
```

- *Descripción*
Suma los elementos del iterable pasado como parámetro, comenzando por la posición indicada en el argumento opcional `start` (o por el primer elemento, si este no existe).

tuple()

- *Uso*
  `tuple([iterable])`
- *Descripción*
  Retorna una tupla a partir de los elementos del iterable que se le pasa como parámetro y en ese mismo orden.
- *Métodos*
  - `count(valor)` cuenta el número de apariciones en la tupla del valor que se le pasa como parámetro.
  - `index(elemento)` retorna el índice de la primera aparición en la tupla del elemento indicado. Genera un error `ValueError` si no se encuentra.

class type()

- *Uso*
  `type(object)`
  `type(name, bases, dict)`
- *Descripción*
  Con un argumento, retorna el tipo de un objeto.
  Con tres argumentos, retorna un objeto de nuevo tipo.

unichr()

- *Uso*
  `unichr(i)`
- *Descripción*
  Retorna una cadena Unicode conteniendo el carácter cuyo código corresponde al entero que se le pasa como argumento. Es la función inversa de `ord()`.

unicode()

- *Uso*
  `unicode(object='')`
  `unicode(object[, encoding[, errors]])`
- *Descripción*
  Retorna una cadena Unicode a partir del objeto pasado como atributo (normalmente una cadena).
- *Métodos*
  Los mismos que los de las cadenas (ver `str`).

▶ vars()

- *Uso*

```
vars([object])
```

- *Descripción*

Retorna el atributo __dict__ de un módulo, clase, instancia u otro objeto que tenga un atributo __dict__. Ese atributo contiene el diccionario de nombres del objeto, clase, etc.

▶ xrange()

- *Uso*

```
xrange(stop)
xrange(start, stop[, step])
```

- *Descripción*

Esta función actúa igual que range(), pero retorna un objeto range (un generador) en lugar de una lista de números en progresión aritmética. Acepta de uno a tres números enteros como argumentos. Si solo se le pasa un argumento, este será el número en el que se detiene la progresión (sin incluir el propio número) y la progresión comenzará desde cero. Si se pasan dos enteros como argumentos, el primero de ellos será el número desde el que se empieza y el segundo el final (de nuevo, no incluido). Si se le pasa un tercer argumento, este la cantidad en el que se incrementa el valor de cada elemento de la progresión.

```
#!/usr/bin/python
# -*- coding: utf-8 -*-

for i in xrange(2, 20, 2):
  print i
```

Salida del programa:

```
2
4
6
8
10
12
14
16
18
```

▼ zip()

- *Uso*
  ```
  zip([iterable, …])(x)
  ```

- *Descripción*
  Acepta uno o más iterables como atributos, y retorna una lista formada por tuplas que contienen los elementos de esos iterables. La primera tupla contendrá el primer elemento de cada iterable, la segunda el segundo, etc.
  La longitud de la lista final será la del iterable más corto.

Apéndice **II**

MÓDULOS DE LA LIBRERÍA ESTÁNDAR DE PYTHON

Este es un listado alfabético de los módulos contenidos en la librería estándar de Python.

Hay una lista actualizada y detallada (aunque en inglés) en la página oficial de Python: *https://docs.python.org/2/library/*.

Para obtener información detallada sobre cada uno de los módulos y las funciones, variables y objetos que contienen, se puede usar el programa **pydoc** (que también es un módulo de la librería estándar de Python), escribiendo la orden `pydoc nombre_del_módulo` en la línea de comandos.

- ► `__builtin__`: módulo con las funciones nativas, se importa automáticamente.

- ► `__future__`: permite importar funcionalidades del lenguaje que no están presentes en la versión actual.

- ► `__main__`: el espacio de nombres del módulo principal.

- ► `_winreg` `(Windows)`: herramientas para manipular el registro de Windows.

A

▼ `abc`: clases base abstractas.

▼ `aifc`: herramientas para manipular archivos de audio AIFF y AIFC.

▼ `anydbm`: interfaz genérica para DBM-*style database modules*.

▼ `argparse`: herramientas para la línea de comandos y argumentos.

▼ `array`: optimiza *arrays* de tipos numéricos.

▼ `ast`: manipulación de *Abstract Syntax Tree* (árboles de sintaxis).

▼ `asynchat`: soporte para protocolos asíncronos.

▼ `asyncore`: clase base para manipular *sockets* asíncronos.

▼ `atexit`: *register and execute cleanup functions*.

▼ `audioop`: herramientas para manipular audio *raw*.

B

▼ `base64`: RFC 3548: Base16, Base32, Base64 *Data Encodings*.

▼ `BaseHTTPServer`: servidor HTTP básico (clase base para SimpleHTTPServer y CGIHTTPServer).

▼ `bdb`: *debugger*.

▼ `binascii`: herramientas para convertir entre varios formatos ASCII y binarios.

▼ `binhex`: herramientas para manipular archivos en formato binhex4.

▼ `bisect`: algoritmos de bisección para búsqueda binaria.

▼ `bsddb`: interfaz para bases de datos Berkeley DB.

▼ `bz2`: interfaz para rutinas de compresión y descompresión compatibles con bzip2.

C

▼ `calendar`: herramientas para trabajar con calendarios.

▼ `cgi`: herramientas para usar la interfaz CGI con Python.

▼ `CGIHTTPServer`: controlador para servidores HTTP que pueden ejecutar *scripts* CGI.

▼ `cgitb`: trazador configurable para *scripts* CGI.

- ▼ `chunk`: módulo para leer bloques de datos IFF.
- ▼ `cmath`: funciones matemáticas para números complejos.
- ▼ `cmd`: herramientas para intérpretes de comandos.
- ▼ `code`: utilidades para implementar REPL.
- ▼ `codecs`: codificar y decodificar datos y flujos.
- ▼ `codeop`: compilar código Python.
- ▼ `collections`: tipos de datos de alto rendimiento.
- ▼ `colorsys`: conversión entre RGB y otros sistemas de color.
- ▼ `compileall`: herramientas para compilar en *bytecode* todos los archivos Python en un árbol de directorios.
- ▼ `ConfigParser`: intérprete de archivos de configuración.
- ▼ `contextlib`: utilidades para la sentencia *with* con contexto.
- ▼ `Cookie`: soporte para *cookies*.
- ▼ `cookielib`: clases para la manipulación automática de *cookies*.
- ▼ `copy`: operaciones de copia.
- ▼ `copy_reg`: operaciones con copias serializadas con *pikle*.
- ▼ `cPickle`: versión rápida de *pickle*, pero no subclasable.
- ▼ `cProfile`: interfaz para el *profiler* '*lsprof*.
- ▼ `crypt` (`Unix`): función *crypt()* de UNIX, para encriptar contraseñas.
- ▼ `cStringIO`: versión de StringIO, rápida pero no subclasable.
- ▼ `csv`: manejo de archivos CSV.
- ▼ `ctypes`: manejo de tipos de datos de C en Python.
- ▼ `curses` (`Unix`): creación de interfaces gráficas en modo texto.

D

- ▼ `datetime`: fecha y hora.
- ▼ `dbhash`: interfaz para BSD *database library*.
- ▼ `dbm` (`Unix`): interfaz con dbm.
- ▼ `decimal`: implementación de la *General Decimal Arithmetic Specification*.

▼ **difflib**: calcular diferencias entre objetos.

▼ **dis**: desensamblador para *bytecode* Python.

▼ **distutils**: soporte para construir módulos Python.

▼ **doctest**: test de código en *docstrings*.

▼ **DocXMLRPCServer**: servidor XML-RPC autodocumentado.

▼ **dumbdbm**: interfaz DBM portable.

▼ **dummy_thread**: reemplazo para el módulo *thread*.

▼ **dummy_threading**: reemplazo para el módulo *threading*.

E

▼ **email**: manejo de correo electrónico.

▼ **encodings**: codificaciones de cadenas.

▼ **ensurepip**: manejo de pip en instalaciones o entornos virtuales.

▼ **errno**: errores estándar.

▼ **exceptions**: excepciones estándar.

F

▼ **fcntl (Unix)**: llamadas al sistema *fcntl()* e *ioctl()*.

▼ **filecmp**: compara ficheros.

▼ **fileinput**: bucle de lectura en torno a la entrada estándar o líneas de archivos.

▼ **findertools (Mac)**: eventos del *finder* de Apple.

▼ **fnmatch**: expresiones regulares estilo UNIX.

▼ **formatter**: formatos de salida.

▼ **fpectl (Unix)**: manejo del control de excepciones sobre operaciones en coma flotante.

▼ **fractions**: números racionales.

▼ **ftplib**: cliente FTP.

▼ **functools**: funciones de alto nivel sobre objetos.

G

- **`gc`**: interfaz con el colector de basura.
- **`gdbm (Unix)`**: uso del dbm de GNU.
- **`gensuitemodule (Mac)`**: crea paquetes a partir de diccionarios OSA.
- **`getopt`**: intérprete de línea de comandos.
- **`getpass`**: acceso a claves y usuarios.
- **`gettext`**: internacionalización de idiomas.
- **`glob`**: expansión de rutas de ficheros estilo UNIX.
- **`grp (Unix)`**: *group database*.
- **`gzip`**: compresión y descompresión con gzip.

H

- **`hashlib`**: algoritmos *hash*.
- **`heapq`**: colas de prioridades.
- **`hmac`**: implementación de HMAC.
- **`hotshot`**: *profiler* para *login*.
- **`htmlentitydefs`**: definiciones de entidades HTML.
- **`HTMLParser`**: intérprete de HTML y XHTML.
- **`httplib`**: cliente HTTP y HTTPS.

I

- **`imaplib`**: cliente IMAP4.
- **`imghdr`**: determina el tipo de imagen de un archivo.
- **`imp`**: acceso a *import*.
- **`importlib`**: manejador para `__import__`.
- **`inspect`**: extrae información de objetos Python.
- **`io`**: entradas/salidas.
- **`itertools`**: funciones para iteradores.

J

- `json`: formato JSON.

K

- `keyword`: manejo de claves en listas, tuplas, etc.

L

- `lib2to3`: cambiar *scripts* de Python 2 a Python 3.
- `linecache`: acceso a líneas de archivos.
- `locale`: servicios de internacionalización.
- `logging`: *logging* para aplicaciones.

M

- `macpath`: manipulación de rutas de ficheros en Mac OS 9.
- `mailbox`: *mailboxes*.
- `mailcap`: archivos Mailcap.
- `marshal`: serialización de objetos Python.
- `math`: funciones matemáticas.
- `mimetypes`: tipos MIME.
- `MiniAEFrame (Mac)`: soporte para servidor *Open Scripting Architecture* (OSA) ("Apple Events").
- `mmap`: interfaz para archivos proyectados en memoria en UNIX y Windows.
- `modulefinder`: buscador de módulos.
- `msilib (Windows)`: creación de archivos CAB y de Microsoft Installer.
- `msvcrt (Windows)`: manejo del *runtime* de MS VC++.
- `multiprocessing`: manejo de hilos basado en procesos.

N

- ▼ `netrc`: archivos .netrc.
- ▼ `nis (Unix)`: interfaz con la biblioteca NIS de Sun.
- ▼ `nntplib`: cliente NNTP.
- ▼ `numbers`: clases abstractas numéricas.

O

- ▼ `operator`: operadores.
- ▼ `os`: interfaz con el sistema operativo.
- ▼ `ossaudiodev (Linux, FreeBSD)`: acceso a dispositivos de audio OSS.

P

- ▼ `parser`: *parsetrees* para código Python.
- ▼ `pdb`: *debugger* de Python para intérpretes interactivos.
- ▼ `pickle`: protocolo para la serialización de objetos.
- ▼ `pickletools`: herramientas para el protocolo *pickle*.
- ▼ `pipes (Unix)`: interfaz para "tuberías" UNIX.
- ▼ `pkgutil`: utilidades para *import*.
- ▼ `platform`: identificación de plataforma.
- ▼ `plistlib`: manejo de archivos plist de Mac OS X.
- ▼ `poplib`: cliente POP3.
- ▼ `posix (Unix)`: llamadas POSIX.
- ▼ `pprint`: impresión de datos.
- ▼ `profile`: *profiler* de Python.
- ▼ `pstats`: estadísticas para el *profiler*.
- ▼ `pty (Linux)`: manejo de seudoterminales.
- ▼ `pwd (Unix)`: *Password Database*.
- ▼ `py_compile`: compilador de código Python a *bytecode*.

► `pyclbr`: inspección de clases y métodos de un módulo.

► `pydoc`: documentación y ayuda de Python.

Q

► `Queue`: gestión de colas.

► `quopri`: encode and decode files using the MIME quoted-printable encoding.

R

► `random`: números seudoaleatorios.

► `re`: expresiones regulares.

► `readline` (`Unix`): soporte para la biblioteca GNU *readline*.

► `resource` (`Unix`): información de uso de recursos en procesos.

► `rlcompleter`: intérprete de autocompletado.

► `robotparser`: intérprete de archivos robots.txt.

► `runpy`: manejo de módulos sin importarlos.

S

► `sched`: *event scheduler* de propósito general.

► `ScrolledText` (`Tk`): *widget* para barra de *scroll* vertical.

► `select`: manejo simultáneo de entradas/salidas múltiples.

► `shelve`: objetos persistentes.

► `shlex`: análisis léxico simple para interfaces de comandos.

► `shutil`: operaciones sobre archivos.

► `signal`: señales para eventos asíncronos.

► `SimpleHTTPServer`: servidor básico HTTP.

► `SimpleXMLRPCServer`: servidor básico XML-RPC.

► `site`: rutas de módulos y otras configuraciones del sistema.

► `smtpd`: servidor SMTP.

► `smtplib`: cliente SMTP.

▼ `sndhdr`: determina el tipo de un archivo de sonido.

▼ `socket`: interfaz de red de bajo nivel.

▼ `SocketServer`: *framework* para servidores de red.

▼ `spwd (Unix)`: *Shadow Password Database*.

▼ `sqlite3`: acceso a bases de datos SQLite 3.x.

▼ `ssl`: TLS/SSL manejo de *sockets*.

▼ `stat`: utilidades para interpretar los resultados de *os.stat()*, *os.lstat()* y *os.fstat()*.

▼ `string`: operaciones sobre cadenas.

▼ `StringIO`: lectura y escritura de cadenas como si se tratase de archivos.

▼ `stringprep`: preparación de cadenas según el RFC 3453.

▼ `struct`: intérprete de cadenas como datos binarios.

▼ `subprocess`: administrador de subprocesos.

▼ `sunau`: interfaz con el formato de sonido AU.

▼ `symbol`: constantes que representan nodos internos en un árbol sintáctico.

▼ `symtable`: interfaz con las tablas de símbolos del compilador.

▼ `sys`: parámetros y funciones del sistema.

▼ `sysconfig`: información de configuración de Python.

▼ `syslog (Unix)`: interfaz con el *syslog* de UNIX.

T

▼ `tabnanny`: herramienta para detectar problemas con los espacios en blanco en los archivos fuente de Python en un árbol de directorios.

▼ `tarfile`: manejo de archivos TAR.

▼ `telnetlib`: cliente telnet.

▼ `tempfile`: genera archivos y directorios temporales.

▼ `termios (Unix)`: control de terminales tty estilo POSIX.

▼ `test`: paquetes de test para Python.

▼ `textwrap`: ajuste de textos.

▼ `thread`: crea múltiples hebras en un intérprete.

▼ threading: interfaz de manejo de hebras.

▼ time: uso y conversión de datos y formatos de tiempo.

▼ timeit: cronometra la ejecución de fragmentos de código.

▼ Tix: *widgets* de Tk para Tkinter.

▼ Tkinter: interfaz con Tcl/Tk para interfaces gráficas.

▼ token: constantes que representan nodos en un árbol sintáctico.

▼ tokenize: analizador léxico de código Python.

▼ trace: traza la ejecución de sentencias Python.

▼ traceback: manipulación de *stack traces*.

▼ ttk: *widgets* con Tk.

▼ tty (Unix): funciones de acceso a terminal.

▼ turtle: gráficos de tortuga (estilo LOGO) para Tk.

▼ types: nombres para los tipos predefinidos.

U

▼ unicodedata: acceso a la base de datos Unicode Database.

▼ unittest: *framework* para test unitarios.

▼ urllib: librería para abrir recursos de red por su URL.

▼ urllib2: nueva librería para abrir recursos de red por su URL.

▼ urlparse: manejo de URL.

▼ UserDict: clase envoltorio para diccionarios.

▼ UserList: clase envoltorio para listas.

▼ UserString: clase envoltorio para cadenas.

▼ uu: codificar y decodificar en formato *uuencode*.

▼ uuid: objetos UUID (*Universally Unique Identifiers*).

W

▼ warnings: manejo de mensajes de alerta.

▼ wave: interfaz para el formato de sonido WAV.

▼ `weakref`: soporte para *weak references* y *weak dictionaries*.

▼ `webbrowser`: controlador para navegadores web.

▼ `whichdb`: detectar qué módulo creó una base de datos.

▼ `winsound (Windows)`: sistema de sonido de Windows.

▼ `wsgiref`: herramientas para WSGI.

X

▼ `xdrlib`: codificar y decodificar XDR.

▼ `xml`: módulos de procesado de XML.

▼ `xmlrpclib`: cliente de XML-RPC.

Z

▼ `zipfile`: lectura y escritura de archivos ZIP.

▼ `zipimport`: soporte para importar módulos desde archivos ZIP.

▼ `zlib`: rutinas de bajo nivel compatibles con gzip.

Apéndice **III**

DIFERENCIAS ENTRE PYTHON 2 Y PYTHON 3

Como ya dijimos, Python 3 es *básicamente igual* que Python 2. Las diferencias entre ellos son pequeñas, pero suficientes para que ambos lenguajes sean incompatibles.

Este es un listado (si bien no exhaustivo) de las principales diferencias que tiene Python 3 con Python 2.

- ► Python 3 resuelve muchos de los problemas de codificación de texto, y ahora todas las cadenas son Unicode por defecto.

- ► Todas las clases de Python 3 son *New Style*. No existen las clases *Old Style*.

- ► En Python 3, `print` es una función y no una sentencia del lenguaje, por lo que debe usarse con paréntesis del modo `print("CADENA")` en lugar de `print "CADENA"`.

- ► Funciones como `filter()`, `map()` o `zip()`, que en Python 2 retornaban una lista, en Python 3 retornan un iterable.

- ► Como vimos en el capítulo sobre operadores, el resultado de una división de enteros en Python 2 es otro entero (perdiendo la parte decimal, si es que la hay); sin embargo, en Python 3 el resultado será siempre un número en coma flotante, por lo que no se pierde la parte decimal. Esta es una de las fuentes de incompatibilidad más "peligrosas", porque el intérprete no dará ningún aviso o mensaje de error (salvo que haya incompatibilidad de tipos en el uso posterior del resultado), mientras que el comportamiento de nuestro programa puede ser muy distinto del esperado.

▼ La función `xrange()` desaparece de Python 3, y hay que usar `range()` en su lugar.

▼ La función `raw_input()` no existe en Python 3 y es reemplazada por la función `input()`, que adopta el comportamiento que esta tenía (ahora retorna siempre un objeto *string*).

▼ El método `.next()` desaparece.

▼ Python 3 retorna un `TypeError` al intentar comparar tipos no ordenables.

Portar código de Python 2 a Python 3

En general, la mayor parte del código de Python 2 es perfectamente funcional en Python 3 sin necesidad de modificaciones. De todos modos, modificar un programa en Python 2 para que sea compatible con Python 3 puede ser desde una tarea trivial en la que no haya que modificar apenas nada (sobre todo cuando hay involucradas pocas líneas de código), hasta un arduo trabajo casi imposible. La prueba son todos esos módulos que o no han sido portados aún o lo han sido parcialmente.

La librería estándar de Python incluye el programa **2to3**: *https://docs.python.org/2/library/2to3.html*, que automatiza muchos de los cambios necesarios para migrar código a Python 3.

La web oficial de Python tiene una guía con algunos consejos para aquellos que deseen portar código de Python 2 a Python 3 en *https://docs.python.org/3/howto/pyporting.html*. También hay disponible una página *wiki* de ayuda en *https://wiki.python.org/moin/PortingPythonToPy3k*.

ÍNDICE ALFABÉTICO